抓 / 准 / 起 / 爆 / 点

涨停起爆战法

利 润 随 股 价 直 冲 云 霄

马重祥　马超◎著

中国宇航出版社
·北京·

图书在版编目（CIP）数据

涨停起爆战法 / 马重祥，马超著. -- 北京 ：中国宇航出版社，2019.1(2024.11重印)
ISBN 978-7-5159-1589-0

Ⅰ. ①涨… Ⅱ. ①马… ②马… Ⅲ. ①股票交易—基本知识 Ⅳ. ①F830.91

中国版本图书馆CIP数据核字(2018)第289233号

策划编辑 田芳卿　　责任校对 卢 珊
责任编辑 吴媛媛　　装帧设计 宇星文化

出版发行 中国宇航出版社
社址 北京市阜成路8号　　邮编 100830
(010)60286808　　(010)68768548
网址 www.caphbook.com
经销 新华书店
发行部 (010)60286888　　(010)68371900
(010)60286887　　(010)60286804(传真)
零售店 读者服务部
(010)68371105
承印 北京厚诚则铭印刷科技有限公司
版次 2019年1月第1版　　2024年11月第6次印刷
规格 787×960　　开本 1/16
印张 13　　字数 180千字
书号 ISBN 978-7-5159-1589-0
定价 38.00元

前 言

PREFACE

中国股市犹如滚滚岩浆，在行情没有到来时深藏地下，蓄势待发，行情一旦到来，似火山爆发，喷薄汹涌。纵观中国股市30年来的行情走势，震荡下跌的时间长，上行的时间短，可谓牛短熊长。

有些人两眼一抹黑就进入了股市，亏损之后才意识到学习分析技术有多么重要。有些人的确先学习了分析技术再征战股市，结果也难逃亏损，这是为什么呢？可以说，大部分原因是市面上的股票类图书在内容方面存在一些误区。也许是作者对自己钻研、总结的分析技术有所保留，也许是作者本人对分析技术一知半解，下笔千言，离题万里。结果就是，读者用心阅读也用心学习了，却收获甚少，更难谈赚钱。

炒股就像做生意，即使拥有同样数额的起始资金，操作方法不一样，最终盈亏也会有天壤之别。投身股市，无论投入的资金多少，首先应该着眼全局，站在趋势的角度看走势，按照原定的计划交易，不要因一时得失乱了阵脚，这是主动交易与被动交易的区别，也是高手与低手的区别。

“高手不做反弹”，这句话可能令人困惑。不经过历练，你不会明白这一点：是底不反弹，反弹不是底。股市要经过多次反弹才会迎来反转，高手能避开反弹做反转，掌握多头行情的主动权，整合自己的优势并将资金效率发挥到极致。

很多股民喜欢抄底，但抄底不能只看价格，还应该看运行周期。只有大盘企稳见底了，才能买入底部区域的个股。买股不是哪只股票跌得狠买哪只，而是哪只进入上涨趋势买哪只。

股市有种怪现象：越是垃圾股票，散户介入得越多。*ST烯碳在退市前吸引了16万股民炒作，很多人以捡便宜的心理买入。但该股自2014年即连续亏损，2017年被会计师事务所出具了无法表示意见的审计报告，导致公司触发终止上市条件，被迫退市，该股也成为很多炒作垃圾股者的噩梦。

抄底显然是一个投资误区，正确的做法是，行情好时选择走势最强的个股买入，这样赚得多；行情不好时，选择主力抱团取暖的个股买入，力求资金安全。不管牛市熊市，要始终与主力资金站在一起，步伐保持高度一致。永远买处于上升趋势的个股，这样操作即使被套，也无须担心大幅亏损。买下降趋势中的个股，即使赚钱也是暂时的。

短线操作主要是挖掘强势个股，大胆追涨，不必费尽心计地抄底，也无须潜伏，因为买在底部也不一定有多大的利润空间。股价屡创新低的个股大多处于下降通道，随着长期均线的下压，股价不可避免地越走越低。如果认为股价低是买入时机，介入抄底，很可能被套。被套后只能被动持有，等待解套，很可能由浅套变为深套，最终被套牢。发现做错了要及时止损，千万不要补仓甚至做 T+0。以笔者的经验来看，亏损不能补仓，越补被套得越多、套得越深。

本书是笔者 16 年操盘实战的经验总结。笔者认为，作为专业投资者必须具备三个要素：一是高赢面的交易模型，二是专业的交易心理，三是科学的资金管理。本书将主要围绕这三点展开讲解。

书中讲解的涨停起爆战法揭示了涨停板的本质，笔者还详细讲解了涨停的内在机理和捕捉涨停板的方法，剖析了追涨停板的潜在风险。本书是股市中的藏宝图，内容不仅涉及市场行为，还涵盖股民行为，着重描述了股民操作上存在的误区，深入分析散户亏损的具体原因，进而帮助大家“截断亏损，让利润奔跑”。

目 录
CONTENTS

第一章 涨停高手基本功

第一节　涨跌停板的基本知识

一、涨跌停板制度的由来

设置涨跌停板是对过分上涨或下跌进行限制，以保护股民的基本利益，控制股价异常波动，减少投资风险。涨跌停板制度于 1990 年夏确立，此时正值深圳股市行情极不稳定之时。

1990 年 3 月前，深圳市场早期的 5 只股票（深发展、深金田、深万科、深安达、深原野）交易清淡，走势平稳。1990 年 3 月中旬，深发展公布送配方案，股价日渐上涨，引发股民关注。同年 5 月初，深发展股价缓慢上扬，6 月猛烈拉升，由 5 月底的每股 15 元上涨至 6 月底的每股 24 元，涨幅高达 60%。随着深发展股价的不断上涨，其他 4 只股票价格也紧随其后快速上扬。看到股市存在巨大的盈利机会，参与股市交易的投资者日益增多，股市一度出现供不应求的局面。

深市股票交易的火爆引起了相关部门的高度重视，监管机构开始着手制定措施，稳定市场，抑制投机交易。1990 年 5 月 29 日，深市出台涨跌停板制度，规定日涨跌幅度限制为 ±10%。但是由于大部分股民看多，股价上涨势头仍然凶猛。6 月 18 日，监管机构将涨停板限制幅度调整为 ±5%，此举仍未有效抑制投资者的热情，股价依然上行。6 月 26 日，监管机构再次调整涨跌停板限制幅度，涨停板为 1%，跌停板为 –5%。

即便出台如此严格的限制措施，股价仍然连续上涨。证券营业部人头攒动，深市几个月内股价几乎天天站上涨停板。至当年 10 月底，深发展股价已达每股 63.32 元，成为市场中的一面旗帜。

鉴于股市投机现象不断，11 月 21 日，监管机构第四次调整深市涨跌停板限制幅度，涨停板为 +0.5%，跌停板为 –5%，同时通过各媒体告诫投资者注意和防范市场风险，禁止机关干部炒股。

此时市场风险显现，做空的动能不断累积。股价在高位滞涨一段时间后开始下跌，特别是 5 只市场主力股，同步下跌，投资者纷纷清仓逃离，恐慌性抛盘比比皆是。截至当年 12 月底，股价几乎每天站在跌停板，形成暴跌走势。

1991 年 1 月 2 日，深市涨跌停板限制幅度再次调整为 ±0.5%，但其对汹涌的下跌毫无效果，依然不能阻挡跌势。到同年 5 月底，深发展由每股 80 元下跌至每股 50 多元，跌幅接近 37.5%。

由于屡次调整涨跌停板限制幅度却不见效果，管理层最终决定放开涨跌停限制，让市场自行调节。1991 年 8 月 17 日，在放开涨跌停限制当天，深发展开盘仅一个小时下跌 41.6%，场面可谓惊心动魄。广大股民因解除涨跌停板限制，经济和心理遭受了双重打击，也正因此，人们普遍质疑市场机制自行调节股价走势的举措。在这种情况下，监管机构于 1996 年 12 月 16 日再次将涨跌停板幅度限制为 ±10%，ST 类个股为 ±5%，并沿用至今。

二、涨跌停板制度的优缺点

为抑制过度投机，缩小股价的波动幅度，减缓股价的涨跌速度，倡导理性投资，防止过度炒作，监管机构对股价涨跌幅实行限制。总体来说，这一限制对证券市场的发展起到了一定的作用，实现了设置时的初衷。但是任何事情都有两面性，涨跌停板制度也不例外。

首先，庄家、机构和大户很容易利用涨跌停板制度进行高效的炒作。市场主力具备一般散户难以比拟的资源优势，例如资金优势、技术优势、研究优势、信息优势，因此他们可以借助涨跌停板有计划、有效地控制市场行情走势，以达到在市场中掠夺的目的。

其次，股票市场的涨跌停板制度与期货市场的涨跌停板制度区别较大。期货市场实行双向交易，既可以做多也可以做空；股票市场目前只能做多，没有做空机制。涨跌停板限制在股市中对单向趋势的抑制程度远不及期货市场。期货市场的交易规则是T+0，股票市场是T+1，即当天只能买进，不可卖出，在这种情况下，实行涨跌停板制度，某种程度上反而起到了助涨助跌的作用。

再次，个股涨跌停会产生市场联动效应。个股涨停后，可能引发相关板块的强烈反应，进而拉动市场人气，带动大盘上涨。妖股连续涨停时，很容易引起投资者的关注，激发投资者的追涨热情，其后市上涨幅度超乎想象。

最后，涨停时的成交量变化对股价走势也有刺激效果。缩量涨停代表市场惜售，后市一致看多，未来上涨阻力较小；低位放量涨停代表入场抢筹的资金众多，后市上涨容易出现波折；中高位放量涨停说明该位置筹码松动，浮筹较多，后市容易冲高回落。

第二节　涨停高手的基本素质

擅长短线操作的投资者获利快捷，收益也高，但股市中真正的涨停高手凤毛麟角。涨停高手必须经过严格、苛刻的专业化训练，使自己的投资理念和操作行为高度一致。

选到并买到才有可能赚到。做涨停板既要看准市场，又要做对市场，知与行实现高度统一。

一、涨停高手对市场的判断

短线操作是中长线操作的基础，买股要“看长做短”。虽是短线操作，也要建立在中长线安全的前提下。

短线操作成功的前提条件是正确把握市场走势，即看准市场走势是上扬还是下挫。如果在暴跌行情中买股，那么在买入方向上就已经错了。现在股票市场体量很大，个股已经告别齐涨同跌的时代，只要大盘环境不是太恶劣，即便在熊市中，部分个股仍旧可以操作。

投资者可以不注重大盘走势，但一定要注重题材热点。在任何交易时段，短线高手都能快速准确地捕捉市场热点，借助热点题材的做多动能从市场中获利。

二、涨停高手对目标个股的判断

买股是基于各种情况对价格走势进行客观的分析研判，绝不是情绪化的判断，切不可将主观臆断夹杂其中。从时间上来讲，小趋势要服从大趋势，大周期影响中短周期。涨停高手虽说是短线操作，但也必须具有长远的眼光，关注价格运行大趋势。单边下跌的个股不要碰，买股就买上涨趋势确立的个股。

涨停高手只选短期走出上攻形态的个股，不符合这个大前提的股票不买不看不加自选。总之，个股开始攻击前，如果 5 日均线不向上掉头，短期内就不具备连续上涨的市场基础和客观条件，就没有短线操作的价值，这种情况下出现向上攻击形态也应以观望为主。

图 1-1 为新晨科技（300542）的股价 K 线走势图，随着 5 日均线陡峭上攻，股价连续暴涨。

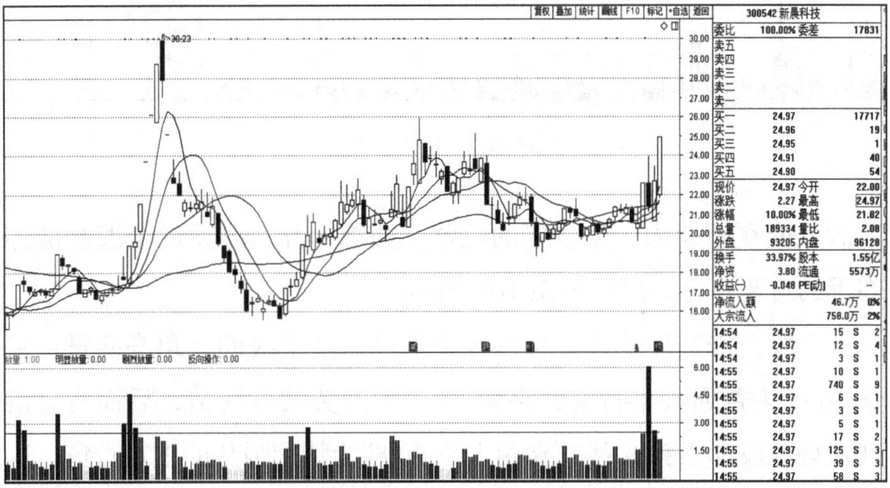

图 1-1　新晨科技

图 1-2 为重庆建工（600939）的股价 K 线走势图，5 日均线走平或向下时，交易清淡，行情维持弱势震荡，股价不断下跌。

三、目标个股强弱判断

1. 运行角度

个股站上 5 日均线视为强势，只有站在 5 日均线上的个股，介

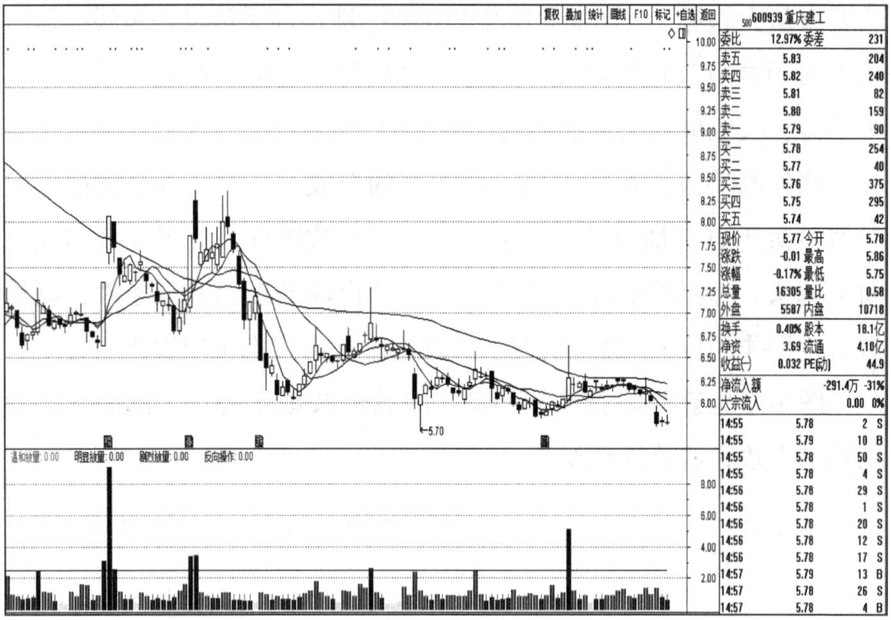

图 1-2　重庆建工

入后才能在短期内产生较好的收益。捕捉上涨速度快的个股是涨停高手的首要目标，这种思想不可动摇。

个股上涨速度快慢，可以 5 日均线与水平线的夹角来衡量：夹角 30 度为普通慢牛行情；夹角 45 度为强势波段行情，后面将会讲到强势波段和强势 K 线；夹角大于 60 度为特别强势的上攻行情，这类个股容易出现连续涨停，多涌现大黑马，是涨停高手努力捕捉的目标。

2. 成交量

成交量直接反映市场人气与个股活跃程度。成交量放大表示市场交易资金增加，买卖活跃，主力机构设定的市场获利目标较高，能够推动行情上涨。

可以用换手率和量比两个指标横向或纵向衡量成交量变化。量能并不是越大越好，如果出现 5 倍以上的孤量，反而要反向操作，因为天量对应天价。股价上涨时，量能以 3 倍以下为宜，1.8—2.5 倍最佳。

3. 时间

炒股讲究“量价时空”四个要素，特别是时间上要形成共振。时间是决定股价运动的重要因素之一，目标个股发动行情时，一般都会选择特定的时间。如果市场长、中、短三个时间周期同时起于股价走势的某一点，那么市场爆发一波强势上涨行情的可能性较大，这是技术面的时间。出现突发事件或热点题材，市场也有可能爆发大规模的行情，这是消息面的时间，后面会具体讲解。

总而言之，买股要买人气股、明星股，即市场上主力与散户都高度认同的个股。有两种股不能做：一是主力出逃的个股，即单边下跌个股；二是无庄股，即弱势横盘震荡或阴跌的个股。

四、涨停高手战绩评判

涨停高手征战股市的唯一目的是获利，实战操作中能否获利以及获利多少是评判其战绩的唯一标准，这是硬性指标。大师级短线高手能在第一时间捕捉到市场中的龙头个股，收益率远远高于大盘同期水平。专业级短线投资者能买到次龙头股，也有较高的收益率。普通短线投资者只能买到一些稍微上涨的个股，还有一些投资者同期操作可能遭受亏损。

长期稳定获利才是真正优秀的交易者，长期在市场中生存是涨停高手追求的境界。今天赚了，明天亏了，资金一直原地踏步，称不上高手。

涨停高手只有经历过几轮大牛市和大熊市的考验才能实现稳定盈利。投资者既能在牛市中赚钱，也能在平衡市甚至熊市中稳赚不赔，那么一定具备独特的投资理念和操作技巧。天天看着账户飘红，精神压力小，有利于保持良好的投资心态。

在股市中，个股只要不停盘，股价每天都会有波动，并且波动不以个人意志为转移。只要有主力大规模参与其中，无论投资者买与不买，它的后市都将上涨。

图 1–3 为招商公路（001965）的股价 K 线走势图。很多人可能把它当作一只次新股，其实它是招商局与华北高速酝酿了一年的重组股。合并上市第一天，收盘价与发行价相比几近跌停，第二天又是大幅低开，随后一度跌停。巨量打开跌停板时，笔者果断买入，当天捕捉到一个天地板，后面接连出现了两个涨停，短期获利颇丰。

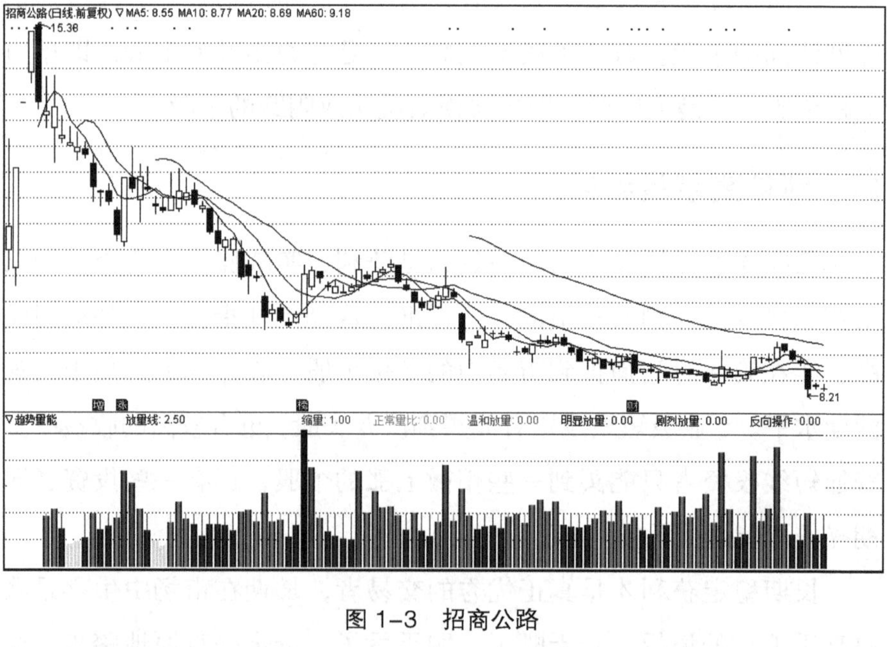

图 1–3 招商公路

操作该股的理由是，同期新股上市全都出现了连续一字板式上涨，两家公司重组也属于重大利好，合并后复盘，没有不涨的道理，所以有此操作。

图 1–4 为上海环境（601200）的股价 K 线走势图。笔者还曾运用同样的操盘手法操作过上海环境这只股票，该股后市也走出了连续涨停。上海环境也是一只重组股，做出买入决策的逻辑、理念和介入招商公路是一样的。

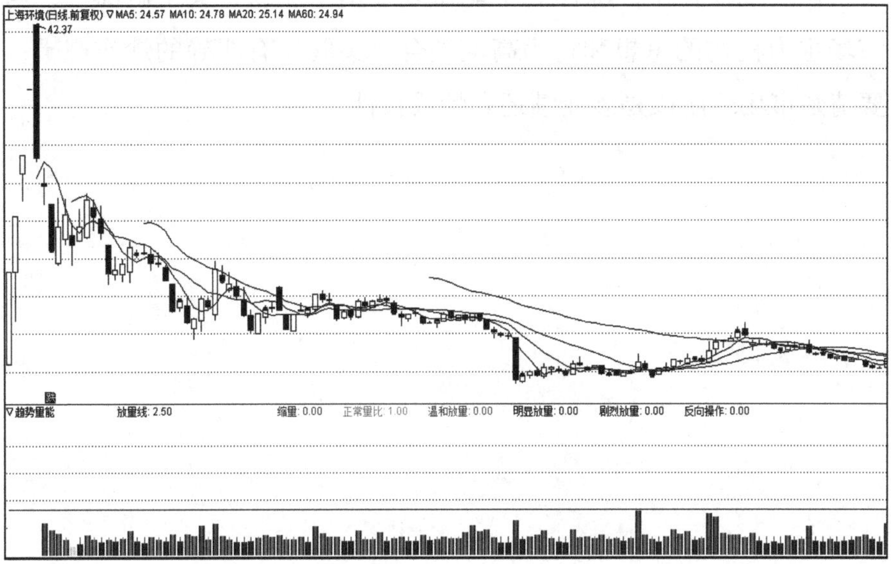

图 1–4　上海环境

以上两个案例都是主力机构刻意制造恐慌，打压股价，吸筹完毕后反手做多，个股全日由跌停到涨停走出天地板，上市第二天震荡幅度均为 20%。对于这种极限获利机会，涨停高手一般都能及时、准确地捕捉，短期获利丰厚。

创立缠论的缠中说禅在弥留之际留给世人的遗言只有两个字——跟随。“跟随”这个词有点儿太极的意味，大家一定要理解缠中说禅说过的这句话：“把自己变成零向量，才能无往不胜。合力大于零，你就跟随多方；合力小于零，你就跟随空方。”

“跟随”即跟随主力，只有主力机构才是市场的主导力量。有庄的股票是个宝，跟随主力机构行动，摸清主力的脉搏，踏准市场节奏，这是对涨停高手的基本要求。在市场行情发动时及时跟进，在市场行情结束时及时离场，不做最后一个上车的人，也不做最后一个下车的人。

在实战操作中，涨停高手能做到“卖了就跌，买了就涨”，与市场主力机构的思想和行为高度契合。买股要有明确的炒作逻辑，要清楚市场现阶段是炒业绩还是炒成长性。

第三节　涨停基因与资金管理

涨停基因说的是一只股票的股性。个股就像人一样，脾气性格各不相同，有些股票常拉涨停板，有些股票难见涨停板，这就说明涨停板容易扎堆。

中国股票二级市场的上涨是由资金推动的，上涨意味着有资金大量进场，资金是股票市场涨跌的直接因素：有增量资金进场，股价上涨；有资金出逃，股价下跌。资金能否接力进场，直接决定涨停板延续的时间和上涨空间。

个股是主力做多做空的道具，资金流到哪儿，哪个板块或个股就会上涨。

资金是股市的生命链，市场中的一切行为都是围绕资金展开的。对涨停高手来说，资金犹如将军麾下的士兵。管理资金是一门高超的技艺，可以通过资金管理水平判断涨停高手的操盘水平。

一般来说，可以将资金分为三等份：第一份为激进的先遣部队，即侦察兵；第二份为跟进的主力部队，在行情明确时及时跟进；第三份为后备资金，即救援时补仓。第三份资金只能充当机动部队，盘中灵活地做 T+0 交易，有盈利时要及时卖出。也就是说，无论交易哪只股票，当天最多买入 2/3 的仓位，不要轻易满仓。涨停高手讲究资金布局的先后、缓急、多少，资金利用率极高。

市场每一天、每一波走势都是在龙头股的带领下发动的，这些龙头股通常以涨停板发动行情，短期暴炒。大家细心地把每一天的涨停板排在一起分析，仔细推敲，前后联想，就能发现涨停板的规律。

涨停板是股票市场每个阶段炒作的热点和中心，是资金大举介入和大众跟涨心理的综合表现。涨停板战法就是在即将涨停的最后时刻抢买进场，涨停高手则是在龙头股启动时加码买入，到急速上涨行情末端及时出局。

图 1–5 为贵州燃气（600903）的股价 K 线走势图。新股发行价仅为每股 2.2 元，按新股流通股本计算严重偏低。2017 年年底，正值天寒地冻的季节，市面上煤炭、燃气价格一涨再涨。贵州燃气第一波上涨浪见顶后回调企稳时，笔者观察到明显的底分型便果断进入，又在股价突破前高时加仓。

图 1–5　贵州燃气

底分型是指三根 K 线中，中间的一根低点为三根中的最低点，高点也是三根 K 线高点中的最低点。出现底分型一般视作股票到达阶段底部，下一步显现反弹或者反转的趋势。

股价突破前高时，量能并没有过分放量，属于轻松过顶，随后股价一直沿着 5 日均线扶摇而上。在出现明显的顶部信号时，笔者及时出局。这一次操作获得了翻倍的利润，远远跑赢了同期大盘。

图 1–6 为宏川智慧（002930）的股价 K 线走势图。同期大盘持续调整，该股却无视大盘调整走势，走出一轮华丽的上涨行情。当时这只明星股涨幅巨大，走势极为抢眼，一时成为股民谈论的焦点。该股是一只叠加了多个概念的次新股，涨停高手当然不能放过这类个股。

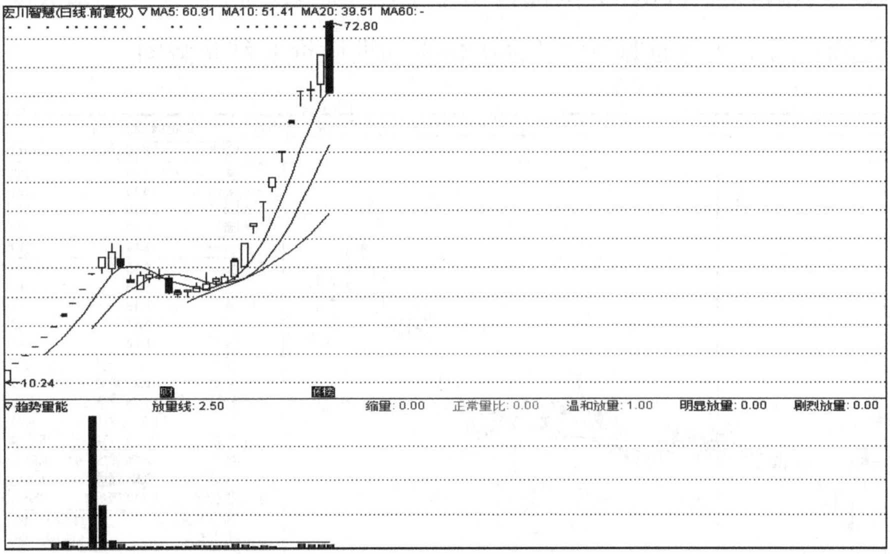

图 1–6 宏川智慧

那么为什么该股会有如此大的涨幅呢？首先，次新股没有太多套牢时间很长的历史套牢盘。新股上市后都是一字板拉涨停，众人拾柴火焰高，散户与主力一致看多，两者之间形成了极大的做多合力。

另外，除了技术面，该股背后还有坚挺的消息面配合。美国总统特朗普当时在媒体上公布了退出伊朗核协议的决定，这在国际市场上造成了一定程度的恐慌，导致国际油价一直上涨。紧接着国内媒体接连发出汽油涨价的消息，我国是物流大国，汽油日消耗量惊人，因此利好相关个股。

既然有涨价的概念在里面，主力就有了做多的理由，所以宏川智慧乘着汽油涨价的东风实现了极速大幅上涨。宏川智慧走出了龙头股的风范，一时间石油板块个股纷纷跟风，通源石油（300164）、中油工程（600339）、中曼石油（603619）等个股同期都有不小的涨幅。就连中国石油（601857）都拉出了涨幅 7% 的单根 K 线，可谓大象起舞。图 1–7 为通源石油（300164）同期股价 K 线走势图。

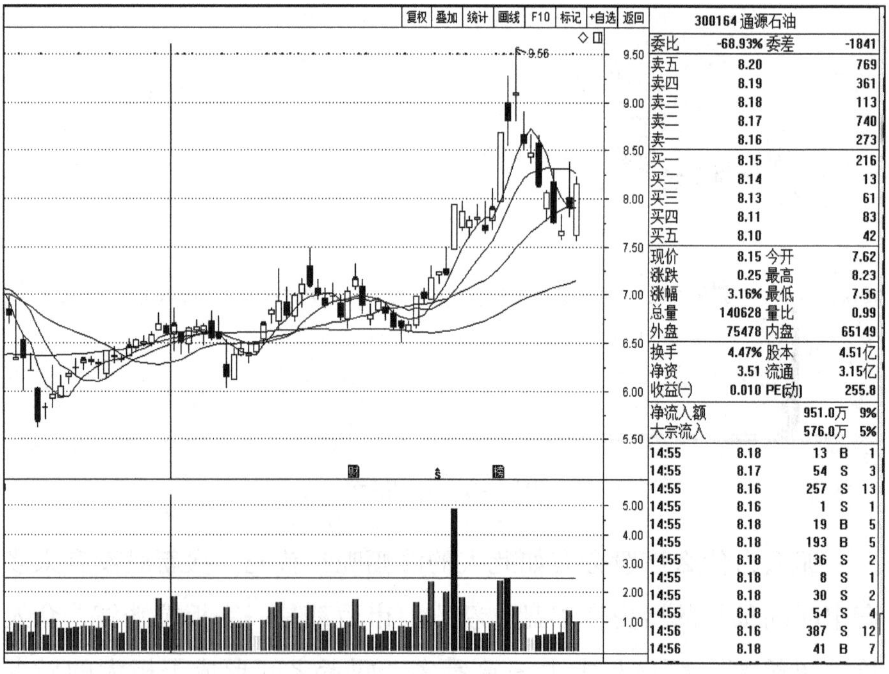

图 1–7 通源石油

买股不要只盯着股票价格，还要对行情的内在逻辑有全面的认识和理解。股票是金钱与筹码交换的载体，是投资者交易的对象。股市是主力机构与普通投资者博弈的场所，只有涨停高手才能在博弈中获得财富。

买股要秉持宏观眼光，看对大势赚大钱。有的投资者可能也买到了牛股，但是并没有跟随主力走到顶，很可能只拿了一点点利润，半路就被疯牛甩下了车。

任何实战买卖行为都是在即时盘中展开的，市场中的最佳买卖点常常是昙花一现。涨停高手操盘时时刻保持战备状态，逐秒盯盘，紧盯短线雷达精灵发出的猛烈打压与极速拉升信号，不放过市场中的任何蛛丝马迹。眼睛看到哪儿，鼠标就追随到哪儿，即时打开K线图进行行情研判。

要想成为涨停高手，就要在固化的操作系统发出买卖信号时迅速操作，绝对服从市场的指令。可以说投资者是一台执行命令的机器，既不能夹带个人情绪操作，也不在盘中临时起意，执行计划外的操作。

古语有云“未经清贫难成人，不经打击老天真”，只有经过千万次临盘操作，才能达到涨停高手的境界。好比躲在树后饥饿的猎豹，随时准备捕捉猎物，这种本能的条件反射必须经过日积月累的练习才能获得。

第四节 涨停方式

涨停板是在动态的时间和空间里运动形成的，涨停分时走势图中显示的交易量、成交额、上涨角度、涨停价格、涨停时间都反映了市场的运行轨迹。这些轨迹是庄家不愿表露又不得不表露的，也是庄家的弱点。投资者由此得到了一个分析和破解市场主力意图的途径，也有了跟庄操作的客观条件。

市场中的涨停走势方式各异，经过归纳整理，根据运行轨迹分析，大致可以分为三类。

一、一波式涨停

一波式涨停指开盘后股价沿某一角度一直上涨，中途没有回调，直至股价拉至涨停板。一波式涨停具体有三种情况。

1. 开盘涨停

开盘涨停指全日涨停如“一”字，开盘价、最高价、最低价与收盘价是同一价格，分时走势轨迹简单明了，即一条水平直线。开盘涨停说明市场庄家手中已经掌握大量筹码，能够完全控制市场走势，左右二级市场的股价运行。

这种情况一般是在市场中出现了重大利好，或者上市公司基本面发生质的改变之后出现的。

图 1–8 为亚夏汽车（002607）的股价 K 线走势图。该股基本面

发生重大变化，公告显示该股将进行重大资产重组，于是股价开盘即封死涨停，空头毫无还手之力，这是多头力量达到极致的表现。

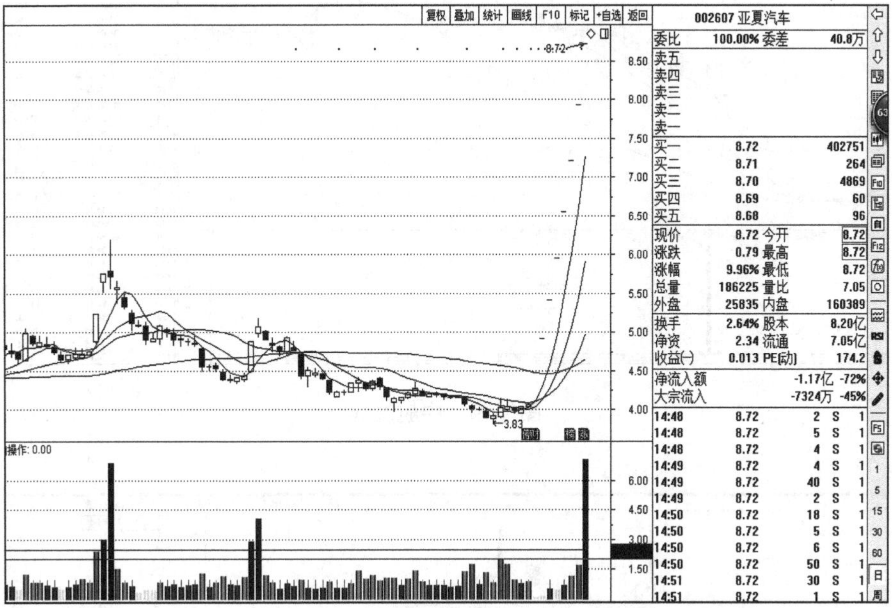

图 1-8　亚夏汽车

类似的重组个股有军工股中航黑豹（600760，现名中航沈飞），如图 1-9 所示，还有大家耳熟能详的三六零（601360），如图 1-10 所示。三六零涉及计算机、大数据和网络安全概念，更重要的是，三六零是从美股市场回归 A 股借壳上市的股票，加上当时媒体炒作推波助澜，一个全新的概念“独角兽”题材就新鲜出炉了。

如图 1-10 所示，三六零上市后，股价从每股 8 元多一口气拉到了每股 50 多元才见 1 浪顶。后市经过回调整理，再一次创出新高，最终见顶于每股 66.5 元。顶部出现经典见顶信号“断头铡刀”后，快速大幅上涨的行情结束，从此庄家开始了漫长的出货过程。

总之，核心观点只有一句：买股要买热点股。

图 1-9　中航沈飞

图 1-10　三六零

2. 高开不回调，直奔涨停

股价在上一交易日收盘价之上开盘，然后无回调式地直线上涨，直至涨停板，分时线大体似一条斜线。跳空高开，表明多头攻击力量强大，投资者看好该股前景，愿意以更高的价格抢筹，这就是市场上俗称的“抢帽子”交易。不回调即直线封涨停板，表明空方毫无还手之力，显示多头力量强大，市场完全由多方控制局面。

图 1–11 为牧高笛（603908）分配利润后第一天的分时走势图，盘中均线向上，成为攻击行情的有力支撑。

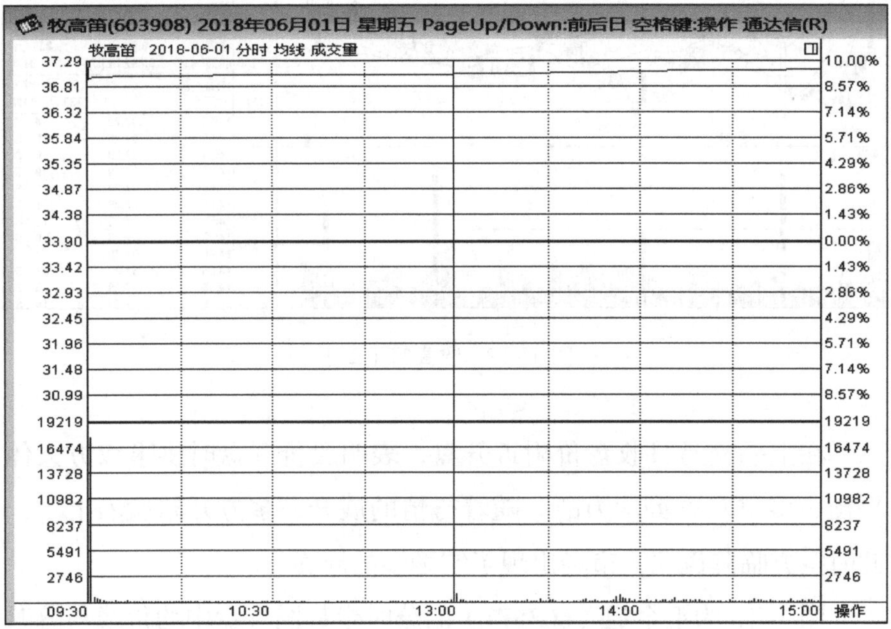

图 1–11 牧高笛（一）

图 1–12 是牧高笛的日 K 线走势图，短期均线呈多头排列。主力在强势拉升之前先猛烈洗盘，随后出现阳包阴的反转形态。该股股价走势大开大合，上涨干净利索，拉升动作一气呵成，实属市场一线实力游资所为。

3. 平开或低开一波式涨停

股价在上一交易日收盘价附近开盘，开盘后迅速拉至涨停板，分时图上的分时线大致显示为一条陡峭的直线，走势形态比较简单。

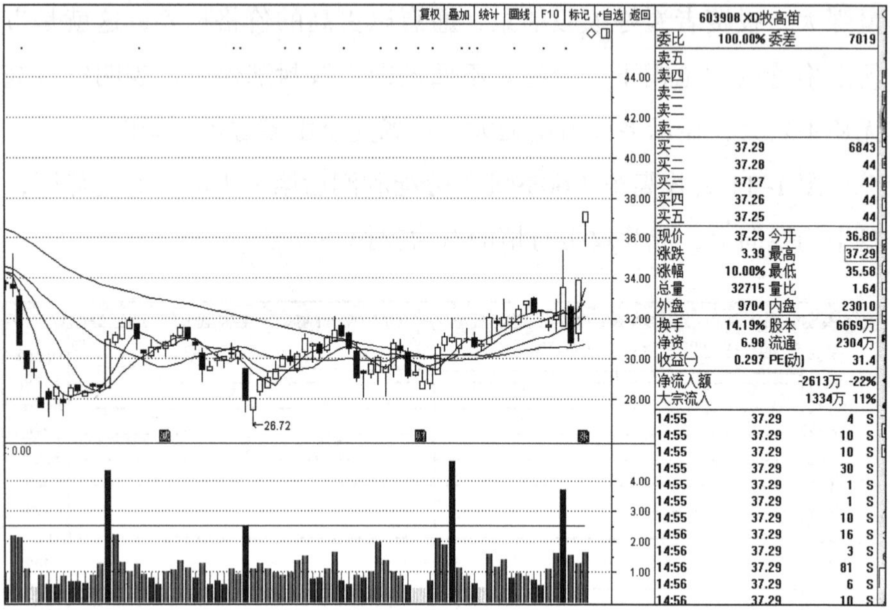

图 1-12 牧高笛（二）

在上一交易日收盘价附近开盘，表明股价开盘时供求双方大体平衡，多空双方势均力敌。随着行情的展开，多方开始猛烈上攻，此时空方临阵倒戈，市场出现了空翻多的局面。

图 1-13 为汇金通（603577）的分时走势图。盘中均价线与分时线同步向上，双龙齐飞，量价齐升。均价线坚决向上涨升，使分时线攻击力量获得了有力的支撑。

二、两波式涨停

两波式涨停指股价开盘后先向上拉升一个平滑中波，随后股价冲高回落，在均线获得支撑后再次上涨至涨停板。

图 1-14 为激智科技（300566）的分时走势图，该股走出了两波式涨停的分时走势。

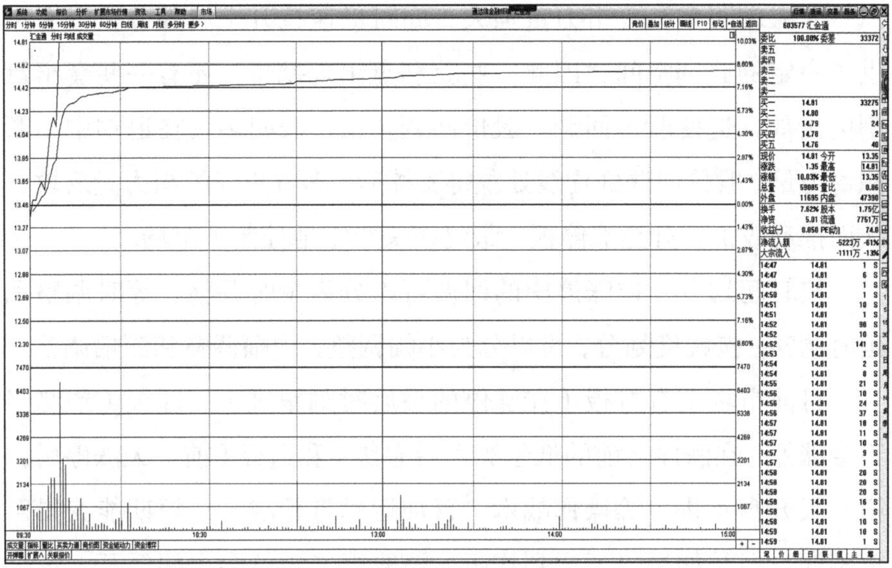

图 1-13　汇金通

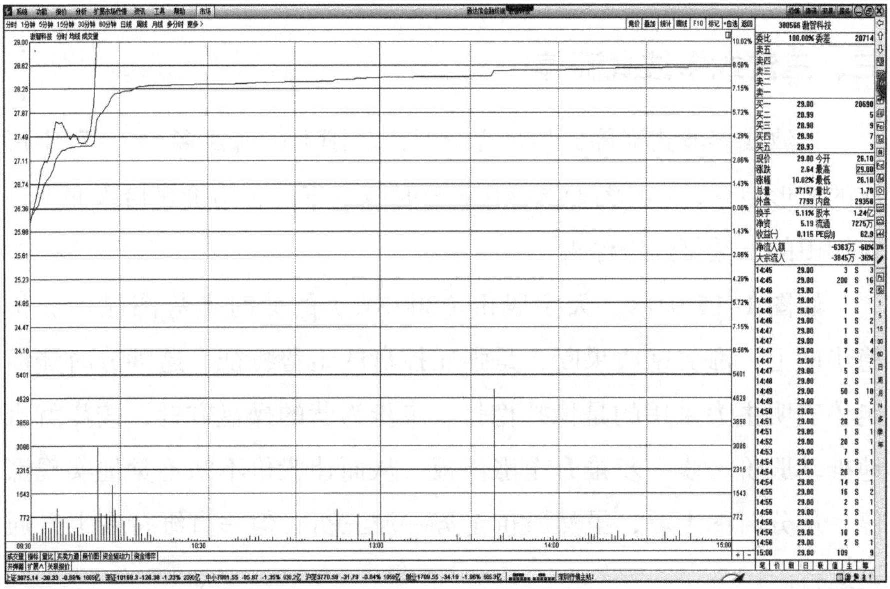

图 1-14　激智科技

上涨表明多头攻击力量强大，同时极速拉升也给部分投资者提供了一定的获利空间，因此一些获利盘出现抛售，还有一些套牢盘割肉出局，迫使股价回调。股价回调企稳，表明多头在退却中不断积蓄力量。股价回调到均线处获得支撑后，多方重新组织力量反攻，从而推动股价拉升至涨停板，最终多头牢牢地控制了市场。

按时间划分，拉涨停中的回调可以分为少时调整、等时调整和延时调整；按幅度划分，可以分为小幅调整、中幅调整和深幅调整。

目前市场上有打板（在涨停的最后时刻跟进）、埋板（预测当天会涨停，在涨停之前的低位买入后潜伏）和追板（前一天涨停后，第二天开盘买进）等操作战术，善加运用打板战术，短期能获得巨额利润。但是如果当天遇到炸板，该股第二天就会大幅低开，资金回撤也会很明显。

下文会详细介绍打板的注意事项。

三、三波或多波式涨停

三波或多波式涨停，显示在分时走势图上，就像多个“N”字形成的波形组合，分时图如同梯田，分时线一直沿着均价线拾级而上，在梯田的末端打到涨停板。

如图 1–15 所示，天宇股份（300702）的分时走势图显示股价稳步向上，涨势坚决果断，是强庄控盘的走势特征。这种分时涨停走势表明主力采用的是稳扎稳打、步步为营的操盘方针，按步就班地推动股价一步一步推升至涨停板，从而让股价不知不觉地实现涨停。从分时图上看，虽然股价走势一波三折，但一直维持在上升通道运行。

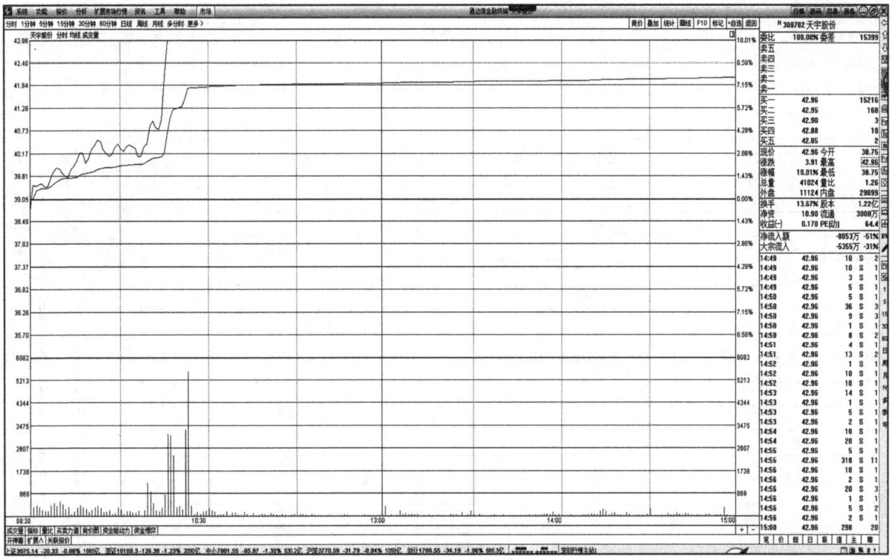

图 1–15　天宇股份

底部越来越高，表明庄家不愿让跟风盘获取较低廉的筹码，因而不断创新高。把上档堆积的卖盘一网打尽，说明主力收集筹码意愿坚决，势在必得。在一些关键点位，主力会持续大单攻击，强行放量突破，如图 1–16 所示。

最后，讲一下分时图上频繁出现的开合式涨停。开合式涨停就是涨停后不久，涨停被打开，股价下跌，但回调幅度不深，其后股价再次涨停，随后再打开再涨停，分时走势呈现涨停—打开—涨停的多次循环。

此类股票的价格表现都是主力在背后暗中操控的结果。这种分时走势有些是主力出货的烂板，有些是主力诱空吸筹。至于是哪种情况，主要看 K 线所处的具体位置，下文会仔细分析。

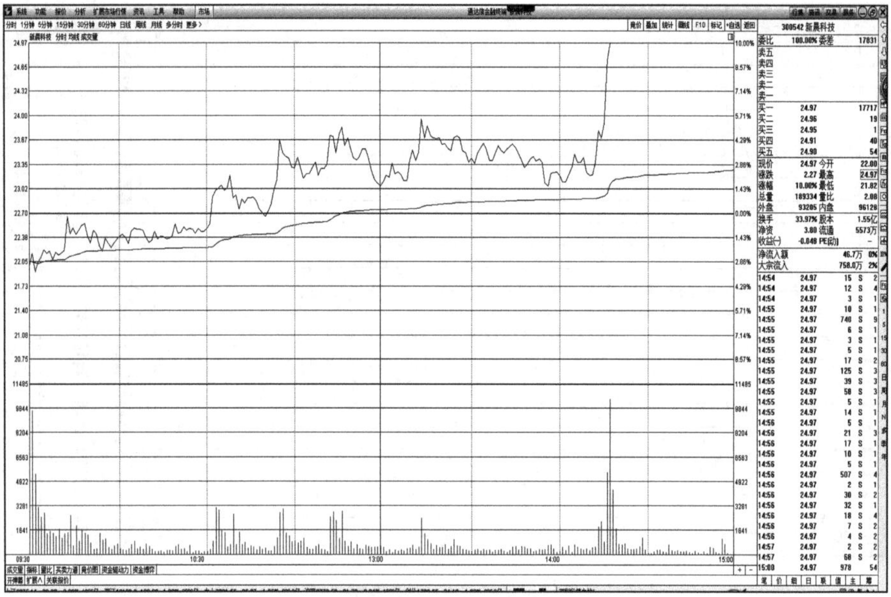

图 1-16 新晨科技

第五节 操作纪律与操盘心理

不以规矩，不能成方圆。在股市操作中，按操作纪律执行交易，是普通股民进阶涨停高手需要突破的心理关。炒股要管住自己的手，这也是一种自律，一种自我约束。军队没有铁的纪律，大家各行其是，别说打胜仗了，简直就是自乱阵脚。股场如战场，严格遵守操作纪律是涨停高手的基本素养之一。

投资者遭受亏损，多是因为亏了小钱时不愿意斩仓出局，即使出现明显的下跌信号，仍然拒绝承认错误，把垃圾股捂在手里，被套牢就说是进行价值投资。实际上，价值投资是买入高成长性的绩优股，价值投资派在买股前就会深入透彻地做好基本面分析。被套之后再看基本面，结果看到该股业绩大幅下滑，这能算是价值投资吗?

的确，斩仓需要勇气。很多股民都是赢点儿小钱就走，或深套了再割肉，赢大钱或亏点儿钱抽身的人并不多。“一赚赚只鸡，一赔赔头牛”的股民不在少数。这个问题的根源在于投资者没有按照事先制订的操盘计划行事，或是没有遵守既定的操盘程序，往往是盘中临时起意，不断改变最初制定的战略和交易策略。

“温水煮青蛙”式地接受亏损，形象地说出了从小亏到大亏、从量变到质变的过程。由于亏损是一点一点加重的，持股者处于令人不易察觉或感觉不到疼痛的过程中，待醒悟过来时为时已晚。

不愿止损，只能说明对环境的渐变具有了适应性和习惯性，适应和习惯会招致灾祸。随着趋势的发展，股价逐步走低，账户内的资金慢慢被侵蚀、被吞没，等到幡然醒悟时已经太迟了。

“短线看三天，盈亏都要走”，这句话说的是短线操盘原则，同时也提醒大家要注重时间成本与机会成本。

要想做到按纪律操作，只能靠长时间的自我训练，不断培养自律意识，时刻提醒自己什么必须做、什么不能做。每个人的操盘模式都是不同的，大家需要找到适合自己的交易系统。每个投资者都会经历一段构建并不断完善交易系统的过程，这就像鸟儿换羽，也像蛇蜕皮。这一过程最好避开人群，偷偷进行，直至羽翼丰满再全新亮相。

对很多人来说，炒股是一种修行，在不断提升技术的同时，也在不断完善人格。不偏执，不固执，言行合一，只有在现实生活中不欺骗别人，才能在交易中不欺骗自己。

孙悟空本领大，本可以背上唐僧，一个筋斗云飞到西天取到真经，可是为什么他们师徒四人还要跋山涉水，不畏严寒酷暑，经历九九八十一难呢？既然是修行，就要注重修行的过程，否则只会成魔，不会成佛。

春园之草，不见其长，日有所增；磨刀之石，不见其减，日有所亏。修行是一个潜移默化的自我改造过程，一点一点地改掉自己身上的毛病，才能渐入臻境。

有些新手靠运气刚入市就赚到了钱，可是好运气不会一直垂青你，稀里糊涂赚到的钱，还会稀里糊涂地还给市场。没有正确的操作理念，没有过硬的操盘技术，就算之前赚到了一些钱，也不够后面赔的。

普通投资者和涨停高手的区别在于执行力。涨停高手看到出现买点，不问现价多少，就会直接高挂几分钱追入。如果个股破位下跌，不会看亏了多少钱，就会直接砍仓。一切以交易原则和纪律为准绳，才能克服人性的弱点，无条件执行交易系统发出的信号，不找任何借口，避免感性思维。

“高位横盘再冲高，抓住时机赶紧抛；低位横盘又新低，全仓买进好时机。”类似的炒股秘诀看似有些道理，但无一例外都是给投资者灌输抄底的思想。那么底在哪里，市场真的有底吗？

可以说，在熊市框架里，市场大概率下跌的走势是客观存在的，此时任何一个点位买入股票都是错误的。这么说有错吗？大家在炒股时容易踏入这样一个误区，总是研究那些“股神”的成功方法，很少有人关注散户是怎么赔钱的。

图 1–17 是联络互动（002280）的股价 K 线走势图。该股股价从每股 5 元涨到每股 25 元，但极少有投资者能从 5 元一直持有到 25 元。散户会在每股 10 元时买，每股 12 元时卖；每股 13 元时买，每股 14 元时卖；每股 18 元时买，每股 20 元时卖。

图 1–17　联络互动

如果在每股 23 元时买入后股价下跌，散户舍不得在每股 22 元时离场，在每股 20 元时也舍不得离场，在每股 16 元时舍不得出场，在每股 10 元时更舍不得出场。股价走下坡路时，大多数投资者反倒能一路拿住。

笔者身边就有人把联络互动这只股票从每股 23 元的价格一直拿到每股 6 元。涨时拿不住，跌时一定会拿住，这是亏损股民的通病。

波浪理论、道氏理论、江恩理论都是舶来品，直接应用于 A 股市场会有水土不服的问题。A 股市场是政策市，股票涨跌受政策和消息的影响大。以乐视网（300104）、獐子岛（002069）、*ST 保千里（600074）、*ST 巴士（002188）、ST 中安（600654）、*ST 龙力（002604）和 *ST 众和 (002070) 为例，它们都在遭遇重大利空后连续出现一二十个跌停板，导致股价断崖式下跌（见图 1–18 和图 1–19）。

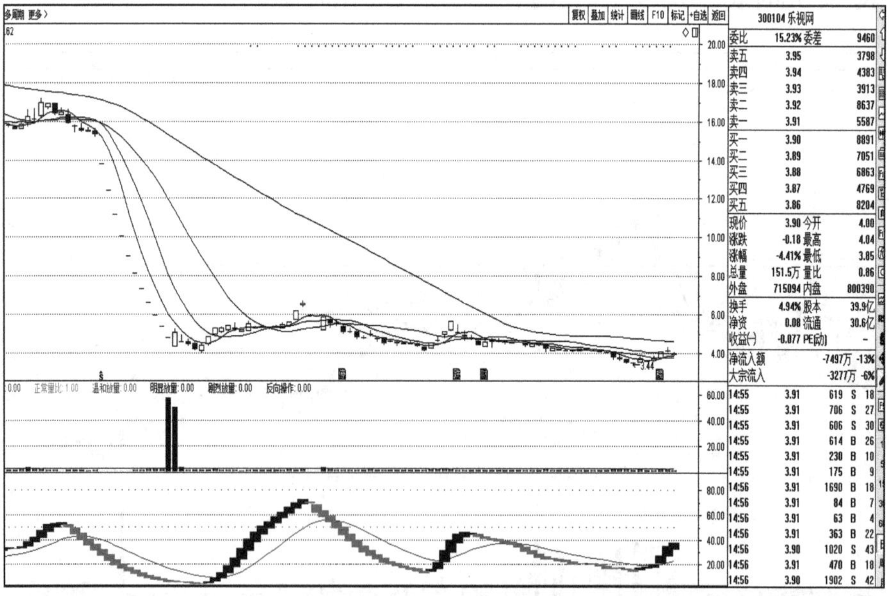

图 1–18 乐视网

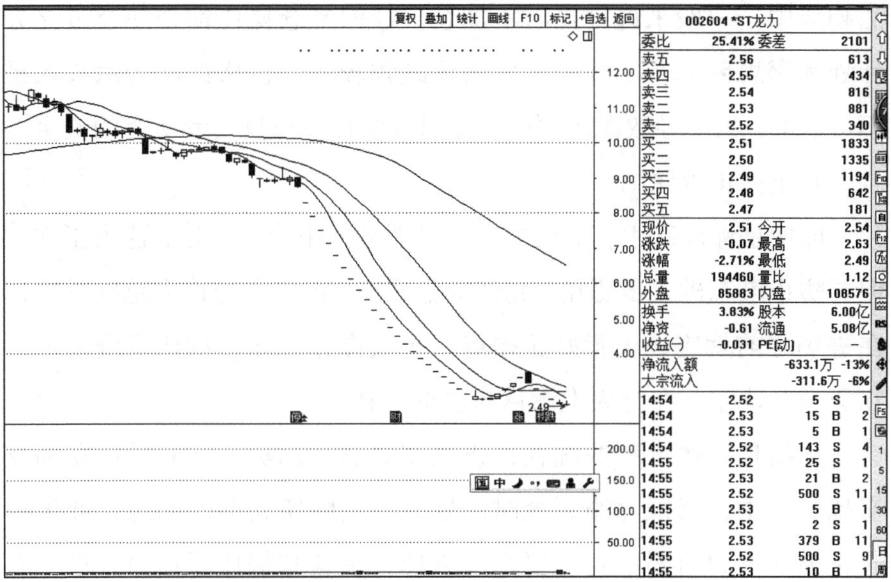

图 1-19 *ST 龙力

投资者在操作中应遵循哪些炒股原则呢?

1. 进场操作原则

参照技术指标，选择实战操作最理想的点位进场。当市场发出买入信号时，要坚决买入，除此之外没有别的选择。容易让人产生误解的是，入场点位并不是越低越好，而是越明确越好。

2. 出局操作原则

参照技术指标，选择实战操作最理想的点位出场。当市场发出卖出信号时，毫不犹豫地完成筹码转换成现金的操作。容易让人产生误解的是：做卖出决策不是看个股涨了多少，而是看它还有没有上涨的动力。如果看到股价涨了一点儿就卖，抓到好股也拿不住。不要随意出局，要在发现明确见顶信号后被迫出局。

3. 补仓操作原则

补仓即为加仓，是第二个买点出现时的操作。加仓只发生在上涨趋势中，一般来说亏损时不加仓。任何补仓操作都必须经过充分计划和深思熟虑。实战中，以股价跌幅较大、价格偏低为由买入是不可取的，只会导致泥足深陷，直到市场吞噬掉投资者所有的资金。

4. 止损止盈原则

即使是涨停高手，实战中也会出现某些细小的差错，这很正常，但要防止事态进一步恶化。允许资金回撤，但绝不允许大范围亏损，在进场之前就应该设置好止损点。止损操作意味着承认投资亏损，在资金上认赔，在行为上承认自己的过错。

止损是一次自我的洗礼，止损需要非凡的勇气和胆量。在临盘实战操作中，必须克服斩仓时的软弱、消除斩仓前的幻想，敢于举起止损的大刀自断手臂。要知道丢掉了手臂却保住了性命，这样后期仍有卷土重来的机会。

5. 心态控制原则

炒股最大的敌人是自己，可以说炒股就是炒心态，操作过程就是与自我顽固的心魔做斗争的过程。大师级的操盘手最后博弈的并非是投资技巧高低，而是心理和信念。

尤其是在妖股的操作中，看技术指标背离指导操作反而会成为盈利的绊脚石，因为个股三板成妖之后，MACD、RSI 等指标都会显示股价偏高，可是股价随后还会一涨再涨。

在市场获利机会来临前，涨停高手会保持无比的耐心。一旦获利机会显现，辨别并确认市场发出买入信号，就会以异于常人的勇气大胆追击。发觉操作行为与实际市场走势存在偏差，则勇于承认错误，及时自我修正。

只有具备良好的心态，涨停高手才能攻无不克，战无不胜。

第二章 买股位置的重要性

掌握一套成熟的理论是在实战中获得丰厚回报的关键，涨停高手都有一套先进的操作理论武装自己。我国证券市场中的投资者大多心智并不成熟，屡屡遭受亏损，股民自嘲为被割的“韭菜”。涨停高手却可以在散户亏损的基础上摘取属于自己的胜利果实。

股市理论是一种战略思维，涵盖具体的操作方法和技巧。涨停高手需要对市场有深入的认识和独到的见解，建立一套先进的操作理论。

1. 实战操作模式

阶段性价格运行规律是投资股票的核心模式。专业涨停高手都是在实战中不断积累操作经验，并在这一基础上形成自己的实战操作模式。他们根据操作模式制定操作策略，并结合实战效果不断提高和完善实战模式。在这里提醒大家一点，实战操作模式一定要固定，不是自己实战操作模式内的股票，走势再好也不操作。

2. 良好的心态

投资心态是人性问题，不但需要智慧的浇灌，更需要在实践中不断磨炼。面对同一事物，不同的心态会产生不同的看法，进而得出不同的结果。养成良好的心态涉及个人修养和性格，要经过长期的修炼。稳定的收益来自稳定的心态控制，越是情绪激动的时候，越要沉得住气。

3. 严明的操作纪律

纪律是涨停高手的生命线，自律程度直接反映投资者操作水平。涨停高手宁愿错过行情，也不会做错行情。

4. 自己编制分析工具

炒股方法随着技术的进步日益先进且合理，涨停高手能根据自己的想法编制软件公式，以便挑选目标股票或自动化交易。现在股票越来越多，复盘时，手动选股是一项繁杂、耗时的工作，很多软件都自带智能形态选股或一句话选股功能，使用起来节时省力。

做交易必须要顺势，在上升趋势中要等待逢低做多，在下降趋势中要等待逢高做空，不做逆势行情，因此看清趋势是重中之重。买卖可以做错，但方向绝对不能看错。市场流传一句话，“会买的是徒弟，会卖的是师父”，其实这句话错了，只有买得好才能卖得好，买对了谁都会卖，买错了只有割肉一条路。

本章主要讲解不能买股的位置和适宜介入的位置。

第一节　否定打板的位置

一、操作要点

第一，下降趋势线下不打板。

第二，假突破不打板。

第三，5 浪末端不打板。

第四，B 浪反弹不打板。

第五，浪峰上不打板。

二、机理剖析

下降趋势线可以帮助大家有效规避杀伤力最大的主跌浪，少亏就等于多赚。另外，在操盘时要注意防范虚假突破。既然是虚假突破，就不是有效突破，追进很容易被套。操作要点中提到的五点都是买入后容易被套的点位。

一切操盘技术都是为了降低失误率，提高成功率。牢记不能打板的位置，对大家来说具有极高的实战价值。

图 2–1 为超华科技（002288）的股价 K 线走势图。为了更加清晰明了，图中没有叠加任何均线，只划了一条下降趋势线。该股在 2017 年 11 月 15 日涨停，随后 K 线图出现了三根大阴线。三根大阴线把前期的涨幅全部吞没，接着股价创出新低。如果投资者在涨停当天盲目介入，必然遭受亏损。

图 2–1　超华科技

下降趋势线下的个股，一律视为处于下跌趋势中。下跌趋势中不要抄底，否则既浪费时间又损失金钱。

图 2–2 为花王股份（603007）的股价 K 线走势图。该股在 2018 年 5 月 10 日收出涨停板，隔日出现了突破箱体的走势，但是行情并没有出现阶段性上涨，而是表现为下跌，这是什么原因呢？答案只有一个，那就是主力在诱多。

图 2–3 为花王股份涨停当天的分时图。从时间上看该股封涨停是开盘秒板，而且当天主力封板态度坚决，中途没有打开涨停板，普通投资者根本无法介入。

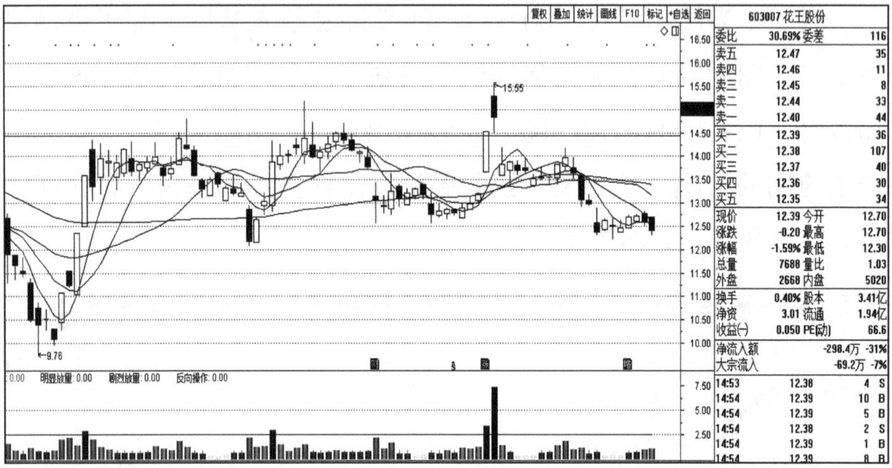

图 2-2　花王股份（一）

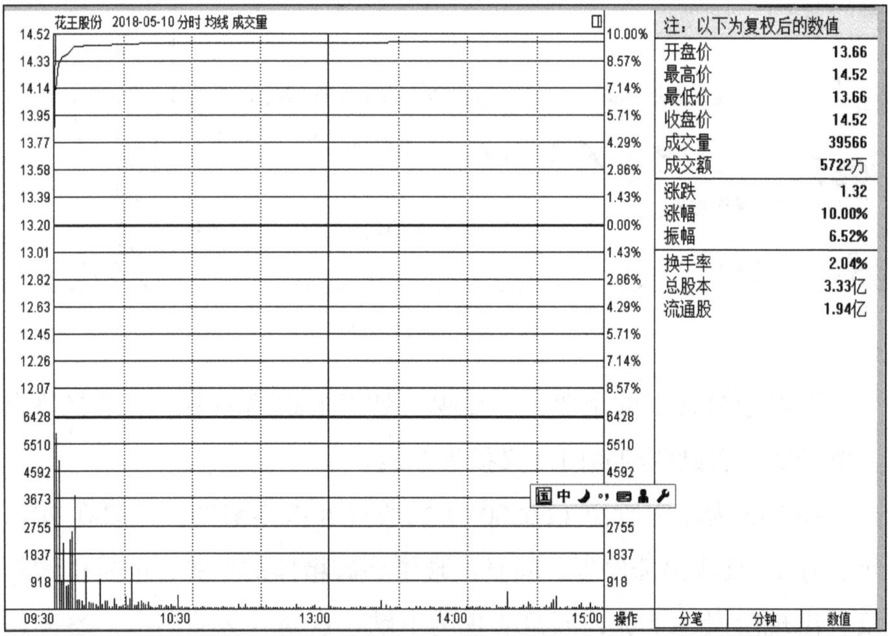

图 2-3　花王股份（二）

当天收盘后复盘，喜欢看涨幅榜的股民都会发现该股，而且会将其加入自选股。如果在第二天开盘后追高买入，那么面对的无疑是深度套牢。从隔日巨大的成交量来看，当天介入者不在少数。

若判断出涨停走势是一个虚假突破，不但隔日不会介入，如果持有该股，还应当果断出局。如果确认涨停走势为虚假突破，那么追买的这个位置就是箱体顶部，价格成本比在任何点位介入都要高。由该例可以看出，买股一定都要等到行情走势明朗后再决定。

普通投资者一看到涨停板就像打了鸡血，不管涨停板出现的位置和价位高低，立即下单买入，这是非常盲目的操盘行为。

图 2–4 为万年青（000789）2017—2018 年的走势图。A 区域为主力建仓吸筹区，随后主力拉升了明确的五浪上涨。如果在 1 浪和 3 浪的末端打板，后市有可能解套，因为 5 浪的高点是超过前浪的，但有一点，5 浪不能走出失败图形。如果套在 5 浪的顶点，那就真的要在高山上站岗了。

5 浪走完代表着阶段性的上涨行情结束，后市是要走 A、B、C 三浪的主跌行情，股价大多会回到上涨行情的起点。炒作过后一地鸡毛，因此 5 浪末端不能打板。

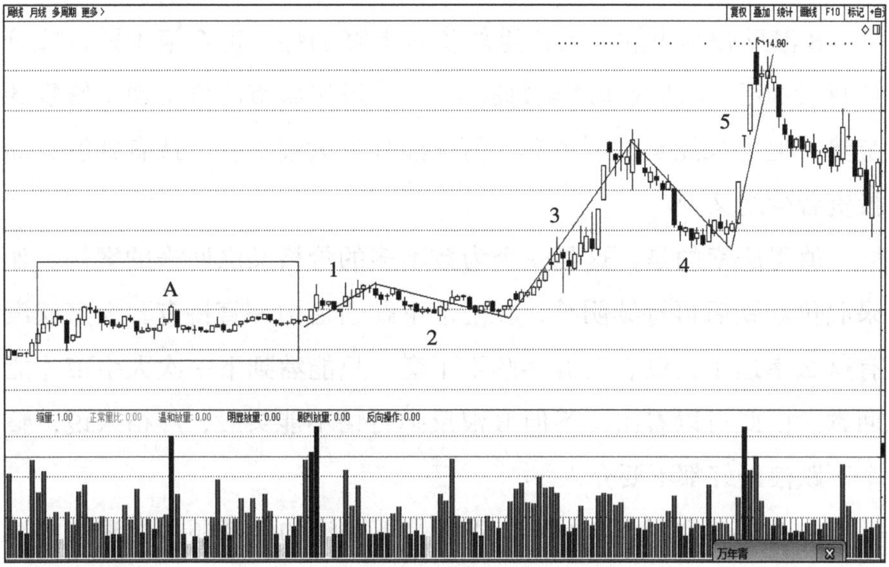

图 2–4　万年青

图 2–5 是立昂技术（300603）的股价 K 线走势图。在股价下跌过程中，B 浪反弹处出现了涨停板。如果投资者盲目追进，后市短期将面临巨额亏损，短期套牢百分之三四十。

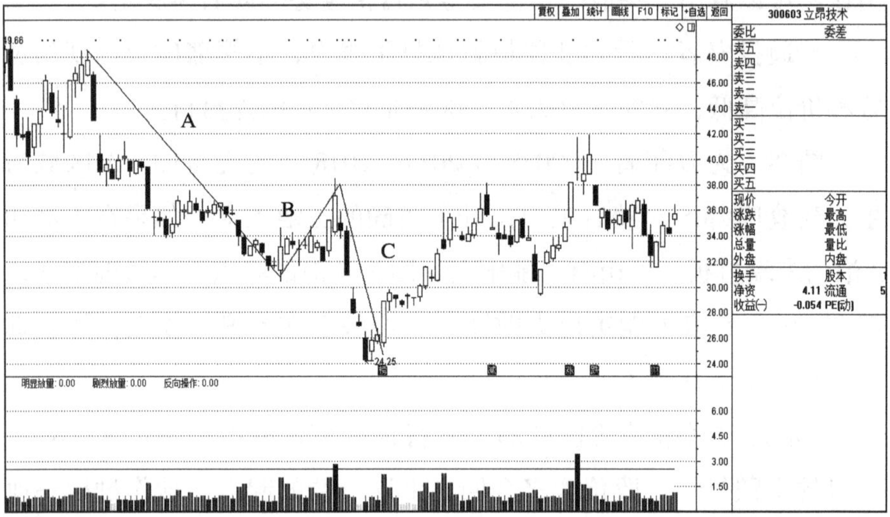

图 2–5　立昂技术

B 浪反弹结束后，股价重新步入下降趋势，走 C 浪下跌，股价从每股 36 元短期内暴跌至每股 24 元。虽然后市股价出现了修复的走势，但也只能是微利解套，何况能扛过大幅下跌、持有到解套的投资者少之又少。

值得庆幸的是，这是一个为数不多的价格又涨回来的案例。如果股价暴跌后再持续阴跌，在茫茫下跌通道中一直持有，大家就没有这么幸运了，没有三五年解不了套，只能熬到下一次大牛市才能回本。由此可以看出，不但 B 浪反弹行情不能买股，严格来说，整个下跌浪最好都不要介入。

如图 2–6 和图 2–7 所示，不管是下跌浪的浪峰还是上涨浪的浪峰，都是一个强阻力位，买股不能买在压力位，实战中千万不要犯这种低级错误。这个道理或许很简单，但简单的东西恰恰是最实用的，越是简单的东西越不容易坚持。

图 2-6　久吾高科

图 2-7　凯普生物

实战中，买股就是做大概率事件，股市交易所有的精髓都源于此。对待任何事物都不能以点概面，五个操作要点否定打板的位置出现涨停后，可能十只股票中会有一两只后市涨幅还不错，但绝大多数个股涨停后要么后期利润空间很小，要么就是随后走出下跌走势。在上述五个关键点位，冲高回落诱多骗线的走势可以说数不胜数。君子不立于危墙之下，见到这些点位，大家都要及时回避，防患于未然，不要抱有侥幸心理。

第二节　肯定打板的位置

一、操作要点

第一，股价向上突破下降趋势线后，有效站稳多空分界线，行情确认出现反转时可以打板。

第二，多头行情确立后，在上涨途中的 1 浪、3 浪、5 浪起点位置可以果断打板。实战操作中，首先，投资者可在上述位置股价即将涨停时及时跟进，以涨停价挂单买入，不涨停不要参与，中短线操作皆可；其次，如果股价涨停封板后没能买入，可以第二日择机跟进。

二、机理剖析

前面讲解了否定打板的位置，排除这些位置，打板时就大大提高了成功率。在临盘实战中，发现确定性高的买点，要在第一时间大胆买进。

图 2-8 为万兴科技（300624）的股价 K 线走势图。股价有效突破下降趋势线后，走到了多空分界线的右侧，此时空方没有反扑，代表行情是真的突破。突破后多头接力拉升，股价强势涨停，说明技术面上出现了多空有效反转，多方控制了整个局面。

该股短期暴涨也有消息面的因素刺激。众所周知，2015 年开始，国际炒家就大炒比特币，比特币价格从最初的每枚 0.39 美元，在鼎盛时期最高突破了每枚2万美元大关，涨幅超乎想象。比特币的狂热带动了对挖比特币的矿机的需求，挖矿机需要大量高端显卡，所以从2017年开始，国内显卡价格一直上涨。

到2018年三四月份，市场上又出现了一个新的热点，那就是芯片概念。受中美贸易战的影响，国内自主研发高端集成电路的企业受到政策扶持，由此研判，美国限制高端芯片出口，必然带动相关上市公司业绩大幅提升，进而直接引导二级市场有关个股股价上涨。大环境决定行情的发展，炒新一族完全有理由相信万兴科技（300624）将会走出一波让人惊叹的大幅上涨行情，如图2–8所示。

图2–8 万兴科技

炒股除了需要一定的智商，还要有较高的情商，对于未来的行情发展要具有想象力。万兴科技集物联网、集成电路、芯片、5G概念于一身，属于计算机板块，此时不涨更待何时，所以股价从每股不到50元回落见底后，一路强势拉升，最高价达到每股167.5元。

笔者曾于每股 50 多元逐步分批分仓介入，在每股 120 多元的价格区间分批止盈出局。虽然止盈点位离最高点还有一段距离，但把利润留给别人的同时，也把风险转嫁给了别人。

简单地说，九成次新个股价格经过充分调整之后，重新上涨拉出第一个涨停板时，都可以大胆追击，后市或大或小都会有一波上涨行情。次新股刚刚上市，业绩还在包装期，不像老股那样容易出现业绩变脸，因此追涨炒作获利概率较高。

图 2-9 为顶点软件（603383）的股价 K 线走势图。自股价有效突破下降通道线的上轨线后，接连收出几根阳线，表明主力有备而来。来者不善，善者不来。按照市场规律，股价突破后大多都有再度上涨的可能，大胆买入这样的庄股，后市必有获利的机会。

图 2–9　顶点软件（一）

顶点软件，好名字预示好兆头。炒作软件类个股，整个软件板块都在上涨，顶点软件哪有不涨的道理。再说顶点软件的市场份额占据江湖霸主地位，预期其在二级市场必有不俗的表现。

突破上轨线后，接连几天笔者都在暗中加仓。该股拉出第一根大阳线之后，股价一路上扬，持股者都得到了丰厚的回报。

第二个交易日，顶点软件的股价跳空高开，直奔涨停，轻松获得了 10% 的利润。

第三个交易日，主力再接再励，顺势高举高打，再次收出涨停。

第四个交易日再次涨停，四个交易日拉出四个涨停板，股价走势一气呵成，气势逼人。这种走势说明庄家来势凶猛，操盘手法凌厉，股价短期内上涨动力十足，可谓涨停急先锋。

第四个交易日早盘 10 点左右，涨停被巨量抛盘打开，图 2–10 为顶点软件当日的股价分时图。虽然涨停是股票单日走势最强的表现，但有时庄家会利用这种看似强势的涨停蒙蔽普通投资者，让非专业人士误判市场强势走势。这种反复开板的涨停板，其走势是笑里藏刀，暗藏杀机。在笔者看来，主力耍的这种小把戏虽然使股价表现为涨停，实际却在利用涨停板的方式暗中出货，因为全天未涨停的时间明显多于封板时间。

从顶点软件的介入点来看，笔者介入的买点很好。股价 K 线走势图是从左往右看而不是从右往左看，股价能不能有效突破，要看价格能否连续三个交易日站稳均线，这就是所谓的“三日原则”。从笔者多年的操盘经验来看，线下看空，线上看多。

值得注意的是，买股必须等到行情得到确认，如果价格突破趋势线后只维持了一天就跌下来了，说明突破是一个假突破，是不能参与的。实战中，一定要坚持“突破要有三根确认 K 线”这一原则。

前文讲的是突破趋势线的例子，下面再来看看 1 浪、3 浪、5 浪起涨点买入的例子。

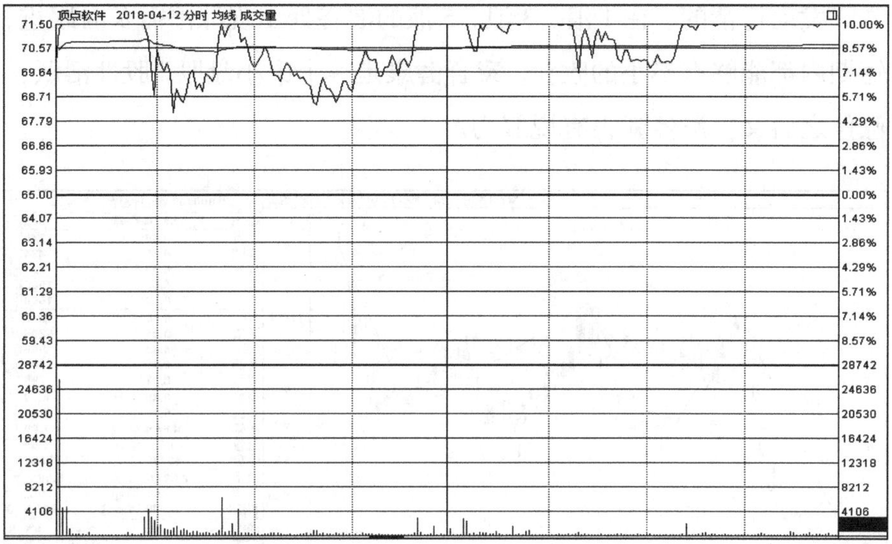

图 2-10 顶点软件（二）

图2-11和图2-12分别是四方精创（300468）和泰合健康（000790）的K线图。四方精创是次级趋势中的小5浪上涨，泰合健康是主要趋势的大5浪上涨，这些上涨都是在上涨信号明确之后以涨停板的

图 2-11 四方精创

方式发动行情的。在1浪、3浪、5浪的波谷处出现涨停需及时跟进，短期内都能够有不小的收获。泰合健康是一个中小盘股，股性活跃，涨停之后又见涨停就很有说服力。

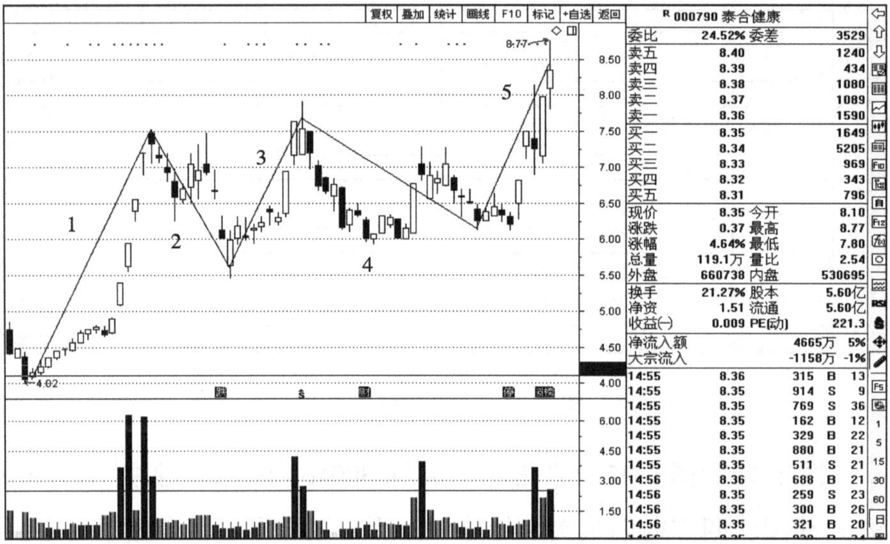

图 2–12　泰合健康

泰合健康在第1浪就敢于拉出4个涨停板，表明庄家操盘手法凶悍、老到，也展示出庄家坚决做多的实力和信心，说明庄家在迫不及待地拉高建仓。连续涨停反映出大主力在拉升吸筹，有庄的股票就是宝，有强庄的股票就是财富的宝地，对这一类股票，大家唯一的应对之策就是买进、买进再买进。

泰合健康是生物医药股，在股价见底后，主力庄家放量直线拉升股价，然后维持股价高位震荡。但是不管庄家怎么清洗浮筹，股价始终没有跌破60日生命线，由此可以推断该股有强庄在里面主持大局。

果不其然，2018年5月30日，在大盘受外围因素影响暴跌的那几天，市场中绝大多数个股呈现绿油油一片，该股却与大盘走势截然相反，五天拉出三个涨停板，表明庄家后期还有更高的目标。

买股讲究盈亏比，只要上涨行情明确，盈亏比高，就要敢于追进。

图 2-13 为次新股恒银金融（603106）的股价 K 线走势图。股价经过充分调整后，第一次是以 T 字板的方式拉涨停，后面接着迎来了一个涨停板。股价整理一段时间后，迎来了第二个 T 字板，后面收出了两个涨停。

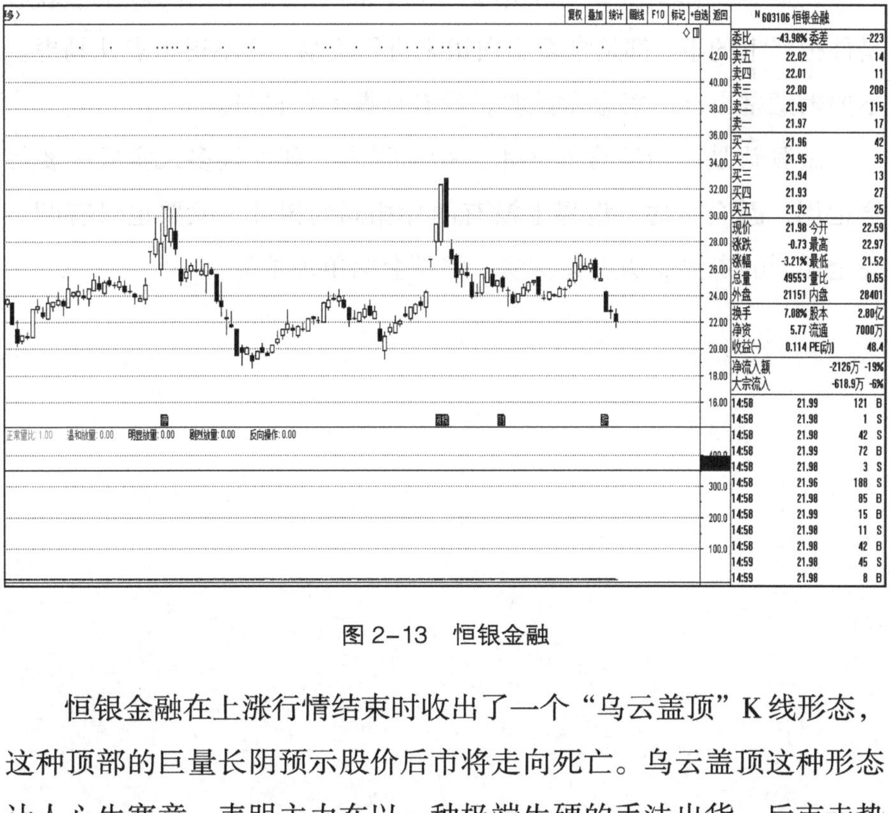

图 2-13　恒银金融

恒银金融在上涨行情结束时收出了一个“乌云盖顶”K 线形态，这种顶部的巨量长阴预示股价后市将走向死亡。乌云盖顶这种形态让人心生寒意，表明主力在以一种极端生硬的手法出货，后市走势杀伤力巨大。在乌云盖顶形态中，巨大的卖单涌出，异常放大的成交量说明主力去意已决，其后个股展开了一轮快速下跌行情。

行情某个时间段有某个时间段的特点，在行情的初期、中期、后期，K 线形态有各不相同的市场含义。在上涨行情启动时出现 T 字涨停板，投资者就应买入，这种类型的股票一般都会走出一波不错的上涨行情。另外，上涨行情确定时，主力拉出第一个涨停板要勇于追进，不要怕高。高点都是用来突破的，新高之后还有新高。直到价格不再创新高，就可以平仓出局了。买入之后，大家的持股心态要平和，不能一出现大涨就急于卖出，总是提前下车，错过行情最肥美的一段。

投资者要做研究型、学术型股民，而不是娱乐型的炒手。炒股是件很严肃的事，都是拿真金白银来进行交易，容不得半点儿马虎。不要随意拿自己的资金做试验，没有把握不要进场。

做股票是一门综合性艺术，指标很多，理论很多，实战中要综合运用，融会贯通。世界上没有两片相同的树叶，股票也没有两个完全相同的走势。历史会重演，但不会简单地重复。

第三章 K线揭密

黑马股一般从两种股票中产生，一种是优质白马股，另一种是从低价低位挖掘出来的题材股。受重大利好刺激和催化，个股连拉几个涨停是常有的事。操作涨停个股成败在于细节，下文将对个股涨停基因进行解剖分析。

第一节　K线组合的重要性

当一只股票连续上涨，某日分时图上的涨幅超过 7%，就到了涨停临界点，此后很容易涨停。如果分时图中涨幅只有百分之三四，那么这类个股的上攻动能不足，相对来说不容易封涨停。在利好消息的刺激下，早盘高开幅度越大的个股越容易涨停，一字板瞬间打开开闸放水的个股更容易封上涨停。

接下来主要研究涨停之前一段时间的 K 线组合和 K 线语言，包括 K 线形态、K 线结构对涨停板的助推因素，或者说是支持后市股价涨停的重要因素。

K 线组合在实战操作中有举足轻重的作用。纵观市场上的股票走势表现，不要幻想把握所有的涨停机会，有些股票的涨停有偶然性，有些具有特殊性。不“肯定”涨停的股票不做，只做“肯定”能涨停的，只做符合交易系统筛选标准的股票。也就是说不做偶然的涨停，只做必然的涨。

选择哪只股票作涨停目标股，要有支持看涨和涨停的依据。股票走势会说话，读懂 K 线语言，就明白了市场走势想要表达的含义。有些个股在涨停之前很难捕捉到涨停动因，在弱势行情中很难发现涨停的先兆，弱势横盘中的个股也很难发现它们会上涨，这些个股偶然的涨停都应该放弃操作。

图 3–1 为吉峰农机（300022）的股价 K 线走势图。2018 年 6 月 1 日，该股开盘后直接一字涨停。在涨停的前一天，面对这种弱势股，谁敢说它一定会涨停，谁知道该股第二天涨停的概率是多少呢？

在涨停走势之前信口开河地说它会涨停，这种做法是不负责任的。除了主力庄家，没有人知道它第二天会涨停。在这个位置拉出涨停，是一些特殊原因导致的，比如政府突然发布惠农政策，为农机板块带来大利好。A 股市场有 3 000 多只股票，每天涨停的个股并不固定，有些涨停确实是投资者无法掌控的，大家只做在技术层面能够把控的涨停走势。

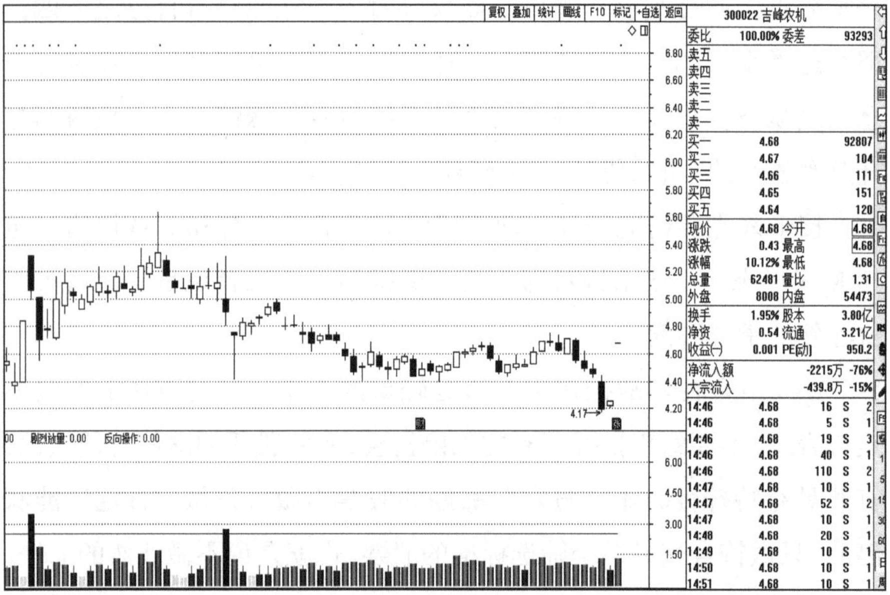

图 3–1　吉峰农机

图 3–2 为香溢融通（600830）的股价 K 线走势图。在该股拉出涨停板之前，A 区域和 B 区域是上涨—下跌—上涨，走出了一个小 W 底的结构。在第一个底的位置有一根锤头线，接着收出一根小阳线。加上前一根阴线，这三根 K 线组合是一个底分型结构。之后价格冲

高回落不见新低，在向上突破下降趋势线时拉出了一根涨停 K 线。

这种底部不断抬高的个股，双底形态结构在技术分析上可以判断该股后市可能会上涨，但绝不能据此断定该股价格后市一定会涨停。也无法确定该股涨停的概率，谁都无法断言该股第二天一定会涨停。

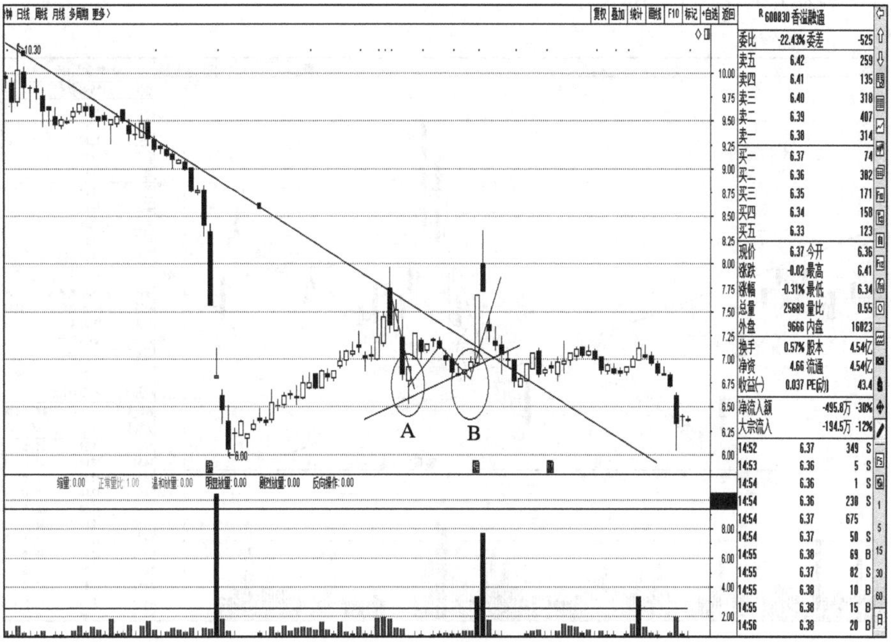

图 3-2　香溢融通

也就是说，这个涨停板的出现有它的偶然性，是小概率事件。如果没有博鳌论坛的消息刺激，该股当日是不会涨停的。按形态结构分析，提前潜伏进去拿个涨停板并不现实，何况股价当时还一直处于下降趋势线下。

如果抓不住香溢融通的涨停板，那么能不能抓住雄塑科技（300599）的涨停板呢？答案是肯定的。买股无非就是看成交量、看指标、看 K 线形态，关键是要从这些信息中嗅出有价值的信息。

图 3–3 为雄塑科技的股价 K 线走势图，图上画了几条直线以便分析。按形态分析，该股走的是大双底结构，在第二个底部出现了一个明确的底分型结构。按趋势线分析，A 区域股价突破了下降通道上轨线，同时突破了双底形态的颈线位并有效站稳，同时形成了一个上升三法 K 线组合形态。多个看涨理由形成共振，这才支撑该股实现了有力的上涨。

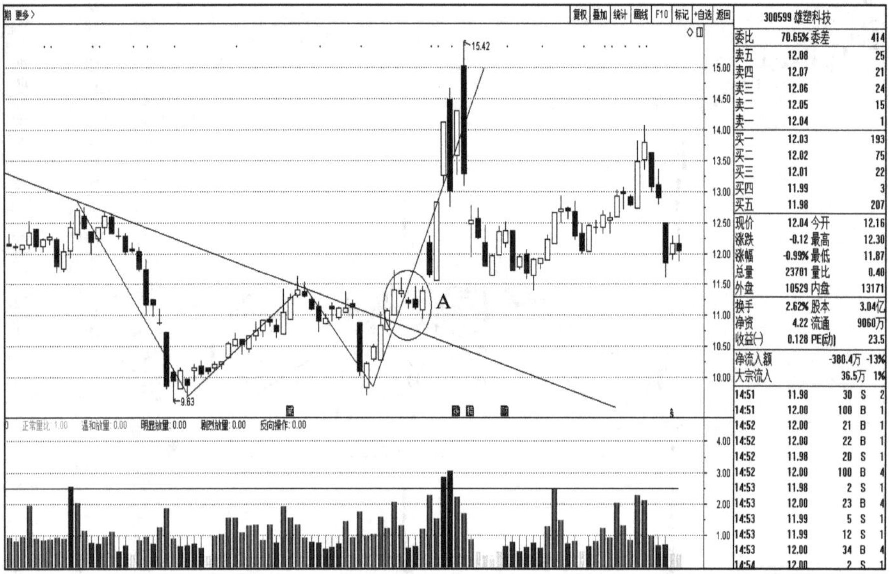

图 3–3 雄塑科技

有技术结构支持，有 K 线形态支持，同时具备多个上涨条件，就可以大胆买入。雄塑科技后市能够走出持续性的上涨行情，就是前期 K 线组合铺垫得好，由此说明看懂 K 线语言极其重要。

雄塑科技的看涨理由有几个重点：一是形成了上升三法 K 线组合形态；二是股价突破重要阻力线（位），后高超前高；三是形成了明确的底分型；四是量价配合，即量升价升，量价齐升。

买股一定要明白 K 线语言的内在含义，下面再分析一下雄塑科技的两个底部形态。

第一个底，在股价下跌的末端，K 线图上收出一根长阴线之后，又收出了一串极阴极阳的小 K 线。零打碎敲的 8 根 K 线都没有收复阴线的一半失地，说明反攻的力量极为薄弱。此时虽然是在筑底，但是底部模糊不清，底分型形态不明确。

第二个底就非常明确了。绝地反击加好友反攻 K 线组合形态，表明多方占有主动权，很快夺回了阵地。此外还有一个重点，就是在突破底分型的高点时，必须有量能的配合。股票要想往上涨，必须伴随成交量的有效放大。如果成交量没有有效放大，那么突破是没有力度的，上涨行情不会走太远。

图 3–4 为安妮股份（002235）的股价 K 线走势图。股价突破重要阻力位（下降趋势线），后高超前高，量价配合，量升价升。图 3–5 和图 3–6 为安妮股份两次极速拉升的行情走势。分析方法是可以复

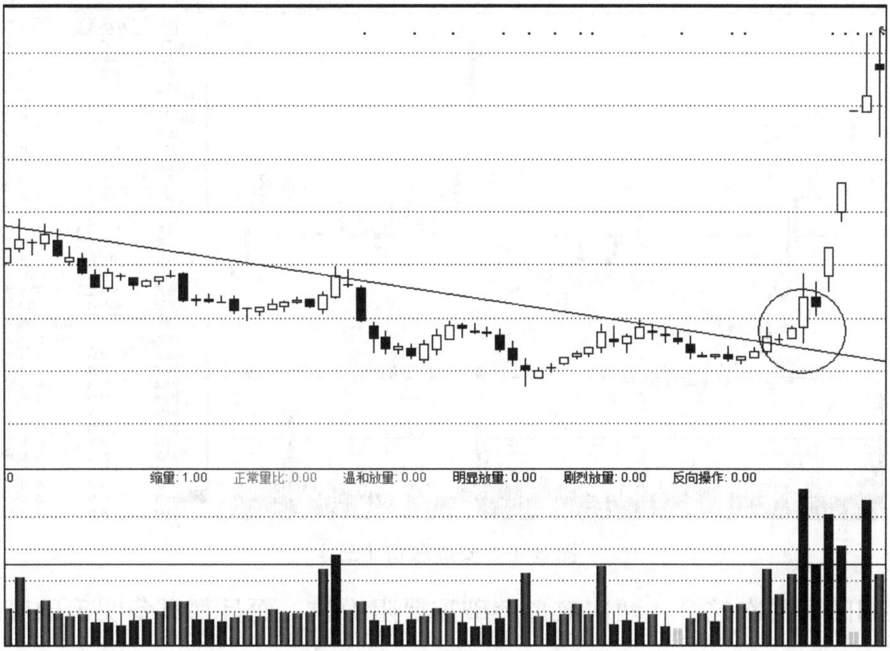

图 3–4　安妮股份（一）

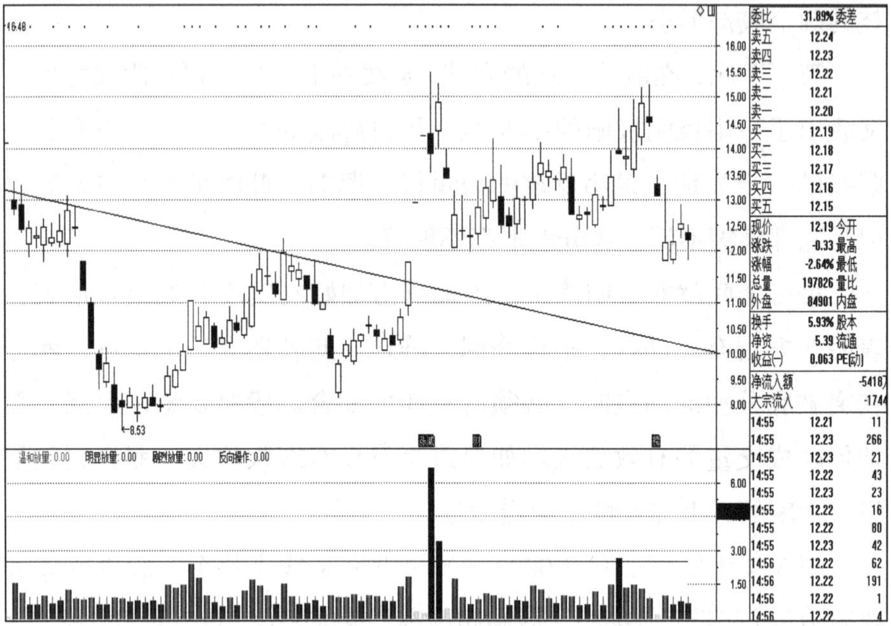

图 3–5 安妮股份（二）

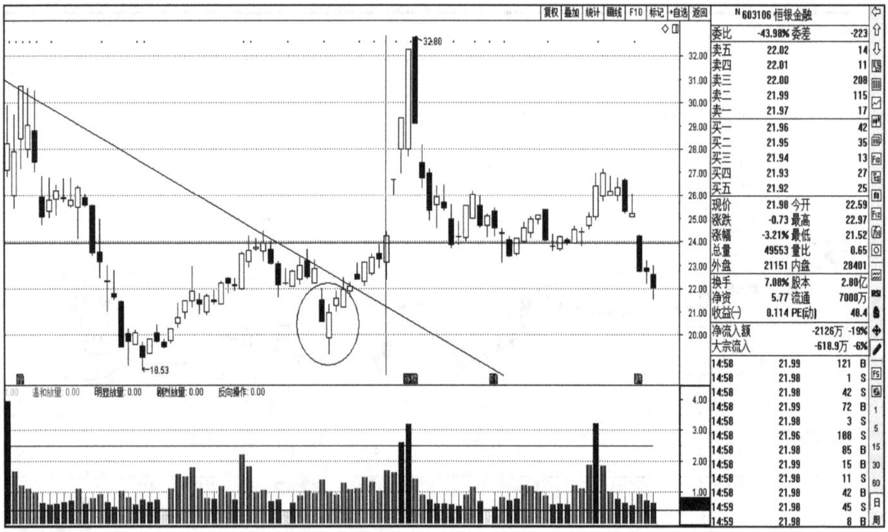

图 3–6 安妮股份（三）

制的，两次拉升、两次放量突破重要阻力位，而且都具备明确的底分型，整个过程走出了上升三法形态。

授人以鱼不如授人以渔，学会了分析方法，投资者在临盘中发现这样的技术图形后，就可以买到大涨的股票。

一只股票能不能上涨，取决于市场人气，取决于 K 线形态，取决于技术分析的四大重点。恒银金融在发动行情前出现了明确的底分型，在关键点位突破时出现了明显放量，K 线走势上也形成了阳阳搓揉线上攻形态，这些都是股价上涨前的重要特征。由此也可以看出，本书讲解的技术都是经过市场考验的。

实战中，大家可以只做符合图形要求的个股，找到之后积极参与。特别需要提醒的是，别说普通股民，就连手握重金的基金经理，都不会试图抓住所有的赚钱机会。只做自己能把握的机会，这个原则大家要切记。

上述讲解的四个看涨理由既是肯定法，也是排除法。下面以图 3–7 九典制药（300705）为例，请大家找出本节讲解的股价看涨四大技术要点。

图 3–7　九典制药

第二节　K 线组合起动形态

在 K 线组合中，有三种经典看涨起动形态，一是绝地反击，二是好友反攻，三是并列阴阳线。这三种 K 线组合形态出现在股价下跌的底部，是筑底形态，出现在上涨行情的回调走势中，则代表调整结束。

股价从高点开始下跌，先跌破操盘线 10 日均线，或是 20 日均线、30 日均线、60 日均线，然后出现这三种 K 线组合形态。在这三种 K 线组合形态中，股价先是拉出一根强有力的大阳线，再收出一根站上操盘线的 K 线，这种形态的 K 线组合为看涨起动形态。

这里先讲解一个基本知识：在均线系统中，一般称 5 日均线为攻击线，10 日均线为操盘线，20 日均线为修正线，也称万能均线。20 日均线介于短期与中期均线之间，既兼顾了短线操作的灵活性，又具备了中线操作的趋势性。

股价见底以后会触底反弹，开始上涨的位置叫上涨起动点。起动点是下跌趋势的结束，也是上涨趋势的开始。这个节点具体在哪个点位，图中都有标注，如图 3-8 所示，三个圆圈标示处都属于股价起动点。

万变不离其宗，所有个股的起动形态再怎么推陈出新，也无外乎这三种基本图形的变形，实盘中只存在或多或少的差异。

实盘中的变异形态例如并列阴阳线，在大阳线之前可能不是

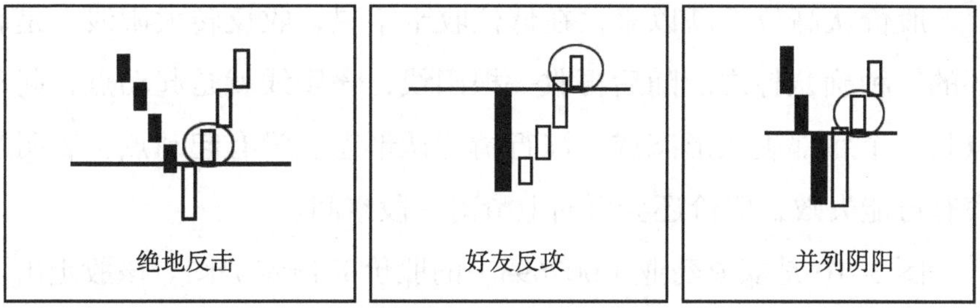

图 3–8　K 线组合起动形态

阴线，而是十字星、T 字星或螺旋桨，也有可能是三根 K 线组合成的启明星，之后出现大阳线，这些都可以称为并列阴阳线吞没形态，它们的性质和市场含义是一样的，形态上都是前面收阴线，后面收大阳线，如图 3–9 所示。

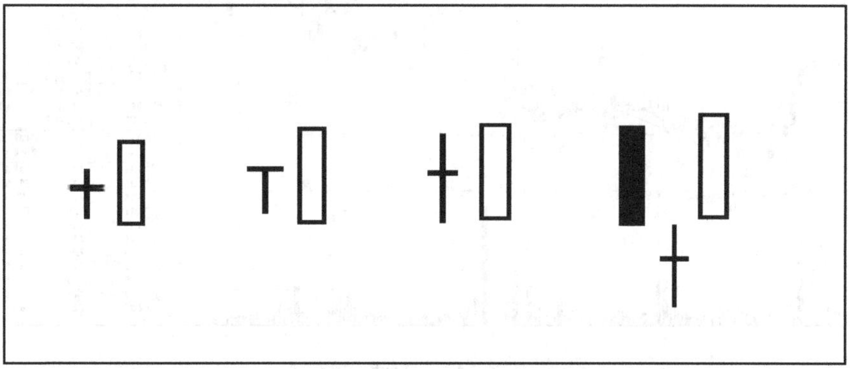

图 3–9　变异的并列阴阳线

起动即“启动”“发动”“开动”的意思。股票上涨必须出现一个标志性的起动点，起动点以下视为筑底结构。股价下跌到再也跌不动，说明空头力量彻底衰竭。底部收出阳线，代表买盘涌现。待阳线吞没下跌末端最后一根阴线的顶部，第二天多头继续反攻收出一根阳线，该阳线即上涨行情的起动点。

股价从高位下跌以来，在低位收十字星，收反转大阳线，是底部的一种确认标志。随后再收一根阳线，该阳线就是起动点，起动点是一个底部确认形态或上涨行情确认形态。没有起动点，表明筑底有可能失败，股价还会再向上滑落一段空间。

图 3-10 是双成药业（002693）的股价 K 线走势图。该股走出了一段起动加起爆的上涨行情，但行情的起动点不同于起爆点。A 区域内股价回落后，先是出现了筑底起动形态，股价重新站上短期均线的标志性 K 线就是起动点。

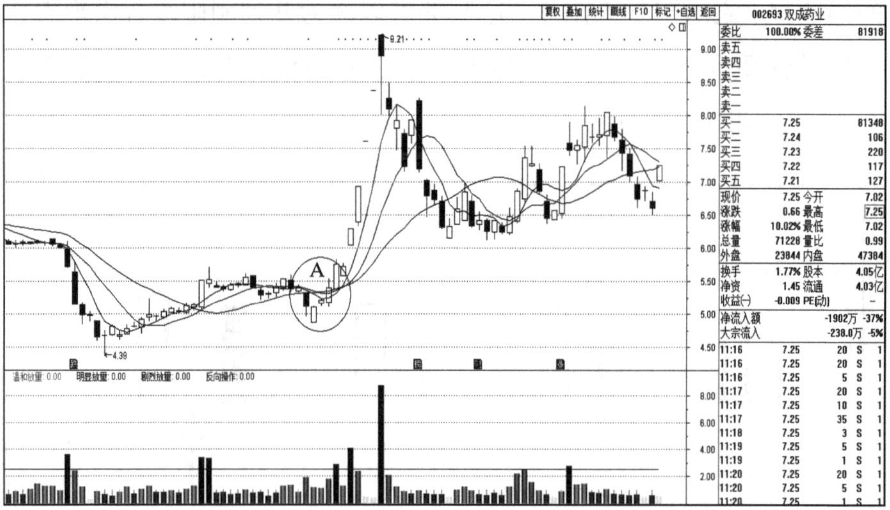

图 3-10　双成药业

图 3-11 上圆圈处为起动点。起动点之后，行情有可能横盘震荡，做一个箱体整理的动作后再起爆，也有可能直接起爆。

起动点与起爆点最大的区别在于股价未来可期待的上涨空间不一样，或者持续上涨的时间不一样。如果在起动点买入，股价随后有可能直接拉上去，也有可能持续一两周的震荡，结束震荡之后再拉上去。震荡以后，股价还有可能回落，走出失败的图形。

如果在起爆点买入，有了起动点的起动，有了起动之后的横向整理，出现了多方炮、叠叠炮、上升三法等上攻 K 线组合形态，比如出现阳阳搓揉，然后股价启动快速拉升，则称启动快速拉升的 K 线为起爆点。

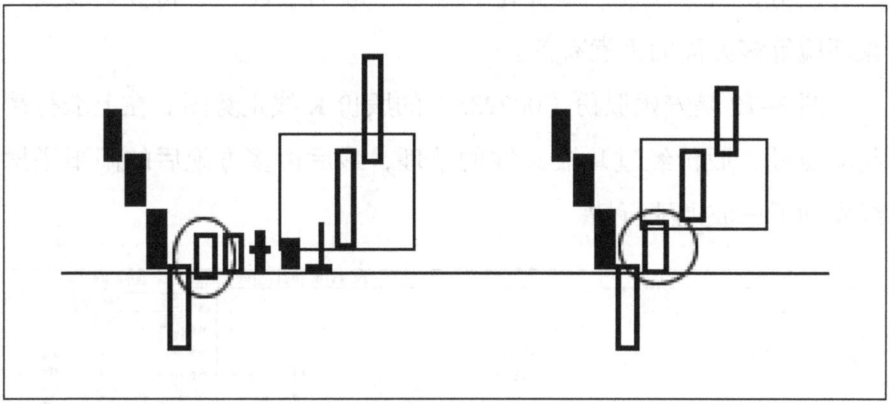

图 3–11　起动点与起爆点示意

买卖股票最大的风险是走势具有不确定性。处于起爆点的个股，同样会出现两种走势情况：一种是真突破，之后股价快速拉升上去；另一种是假突破，股价突破之后，随即掉头向下，很快回落。不管是真突破还是假突破，在起爆的过程中，主力都会选择速战速决。

爆，就是指速度快。如果是真突破，很容易出现连续涨停的凌厉上攻走势，因为股价在前期已经做了充分的准备，个股经过触底反弹—横盘整理—向上攻击这个走势过程，主力已经做足了功课。

攻击要连贯，突破就是拉升环节的最后一环。在此点位，股价说涨涨得很快，如果是诱多的假动作，股价也会出现高山滑雪式的直线下滑。如果股价向下滑落，佯攻的多头也会摘下伪装的面具望风而逃，但这种走势的比例不足两成。

任何事物的发展都会经历起步期、发展期、辉煌期，然后进入灭亡期。讲解技术分析，就是让大家理解股价的发展规律，明白每个点位的性质。大家不要仅从字面含义出发，断章摘句地认为起爆点就一定比起动点买入强。实际走势中，并不是起爆点后股价就会涨得多，也不是起动点后股价就不会大涨。对于起爆点和起动点之后的走势，大家不能一概而论，这和个股的股性、所属板块以及大盘环境等多方面的因素有关。

图 3-12 是安妮股份（002235）的股价 K 线走势图。在上涨行情起动点处，股价经过几根 K 线的整理，最后由多方炮后的阳阳搓揉线发动了一波上涨行情。

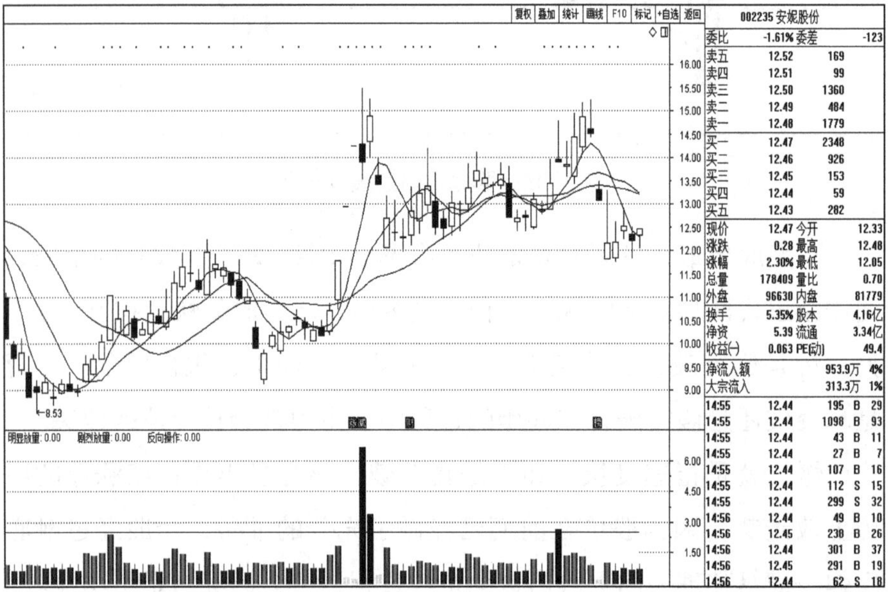

图 3-12　安妮股份

安妮股份股价启动上涨行情的技术要点是，在第二个底部收出了绝地反击线，形成双底形态，并且后面的底部抬高。构建双底形态时，如果第二个底部不能抬高，则宣告双底形态失败，这是双底形态分析的重中之重。如果在第二个底部走出来后股价创出新低，一律把该股走势归入下降趋势，实战中应坚决回避。

只有第二个底部抬高，才能确认个股开启了上升趋势，才有了买入的理由。K 线组合形态所起的作用就是在关键位置或区域寻找可以交易的机会。一旦确定个股在走上升通道，并且大格局没有问题，就要大胆及时跟进，这就体现出了 K 线组合形态的巨大魅力。

本书讲解的操盘技术，虽然只是参与个股阶段性行情的局部，但也应做到顺势而为，同时把目光放得长远一些。走出来的 K 线已经成为历史，大家不可能让时光倒流再去参与，大家只能往后看。

在后市还没有走出来时，我们该怎么做呢？“太阳底下无新事”，任何事物都是有迹可循的。根据事物发展的历史轨迹，可以推断未来可能出现的走势。强者恒强，弱者恒弱。上涨趋势越走越强，下跌趋势越走越弱。火车、航母没小汽车起步快，但是一旦起动，任何人也拉不住，所以说大级别趋势的力量是不可抗拒的。

可以说，K 线语言就是一个案发现场，每根 K 线主力都为大家留下了破案信息。挖掘有价值的信息，然后合理推断主力的行为意志以及主力行为意图，这就是技术分析。技术分析过程就是侦破案件的过程，不能放过蛛丝马迹，因为任何一根起动点阳线都代表着买盘力道。

第三节　K 线组合起爆形态

K 线起爆形态表现了主力的操盘风格和操盘手法，是临盘过程中抓涨停板的重要依据。在实盘操作中，指标金叉或死叉都无足轻重，抓涨停板必须对 K 线形态有深入的认识和理解。本节着重讲解能够有效推动股价上涨的爆发形态。

K 线起爆形态包括三种，一是上升三法形态，二是多方炮形态，三是阳包阴吞没反转形态。

谈到 K 线起爆上攻形态，最经典的当数上升三法形态。上升三法形态是极具爆发力的形态，也是抓连续涨停或是连续上涨的形态。起爆形态有很多种，其中上升三法形态最具攻击力。上升三法形态表露了主力在某个时间段的操盘痕迹，所以上升三法形态的重要性不言而喻，是其他形态无法比拟的。

标准的上升三法形态定义是：在上升趋势中，前期收出一根大阳线，在这一长阳之后出现三根小阴线，显示先前趋势承受一定的压力。但三根小阴线的股价并未刺穿阳线的低点，随后股价高开并再次收出一根强劲的阳线，且阳线收盘价创出了近几天的新高，从而确认了后市价格的运动方向，如图 3–13 中 A 区域所示。

变异的上升三法形态是两根阳线中间夹杂四五根或阴或阳的小 K 线。

上升三法技术有三个操作要点，如图 3–14 所示。

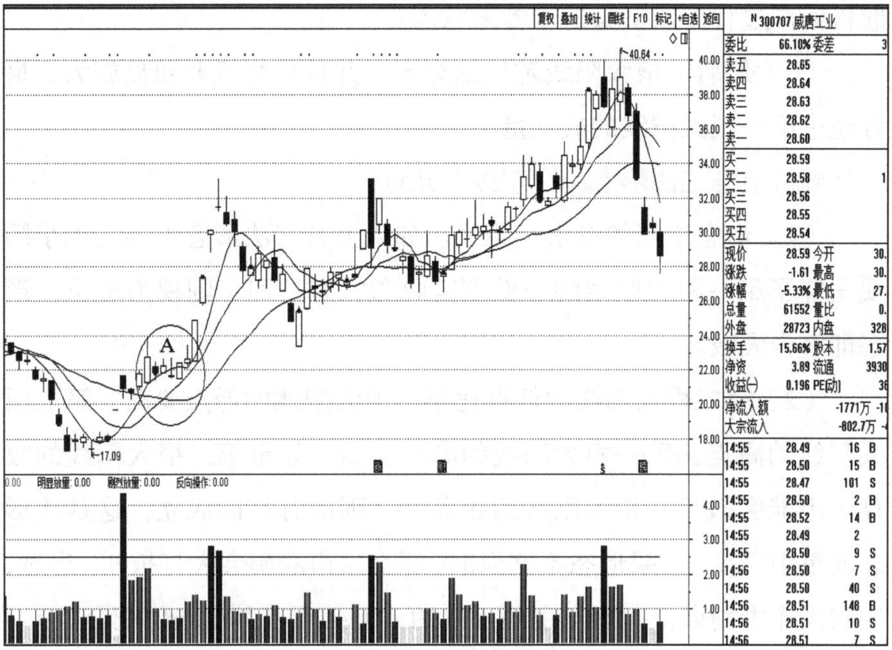

图 3-13　威唐工业

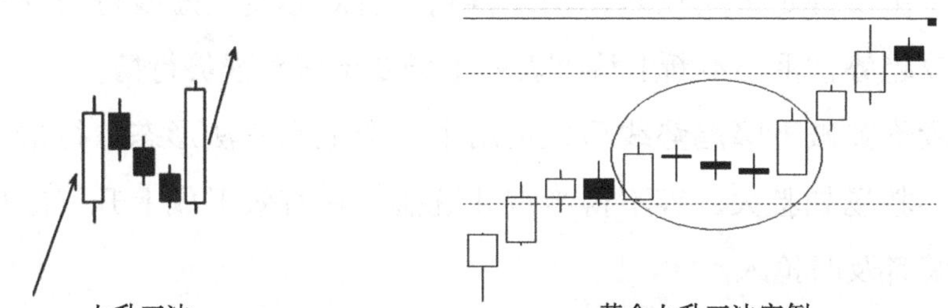

上升三法　　黄金上升三法实例

图 3-14　上升三法形态及示例

（1）股价处在明显的上升趋势中，5 日、10 日、20 日均线呈多头排列。

（2）上升三法形态中，中间的三根小阴线的波动最低点原则上不超过第一根大阳线的最低点为最佳，但允许有少许下影线，并且股价回调过程中成交量处于萎缩状态。

（3）最后一根大阳线越长越有效，并且成交量要明显放大，最好超过第一根大阳线的成交量。

确认上升三法形态应注意以下几点。

（1）形态中间的三根小阴线。如果上升三法形态中的三根小阴线击穿了第一根大阳线的最低点且收盘没有拉回，则视为破位，形态即宣告失败。

（2）第二根大阳线的低点比第一根大阳线的低点要高，第二根大阳线的高点比第一根大阳线的高点要高。如果第二根大阳线的收盘价不能突破第一根大阳线的收盘价，则形态难以成立，这是该形态的重中之重。如果形态不够标准，那么后市涨幅会大打折扣。当然，实盘操作中稍微低一点点也是可以的，但必须有其他条件配合。

（3）第二根大阳线最好有个小幅跳空的高开。

图 3–15 为新余国科（300722）的股价 K 线走势图。该股股价见底后，由反弹走成了反转，均线得到了有效修复。短线行情处于多头上攻趋势，重心不断上移，表明市场处于多头强势行情。

股价突破下降趋势线后，走出了一个上升三法形态。行情就是火情，救场如救火，容不得半点儿耽搁。在有效形成上升三法形态后，笔者及时抢入。

果不其然，2018 年 4 月 3 日，借助军工板块轮动上涨的东风，该股拉出了一个涨停，而且是从绿盘区经过一个平滑长波，由几个巨量大单一口气打到了涨停板。长途奔袭的巨量上攻，表明市场多头做多欲望极强。

图 3–16 是新余国科 4 月 3 日的分时走势图。该股后市走势果然不出所料，第二日大幅高开后一路走高，当日封在涨停板。

图 3–15　新余国科（一）

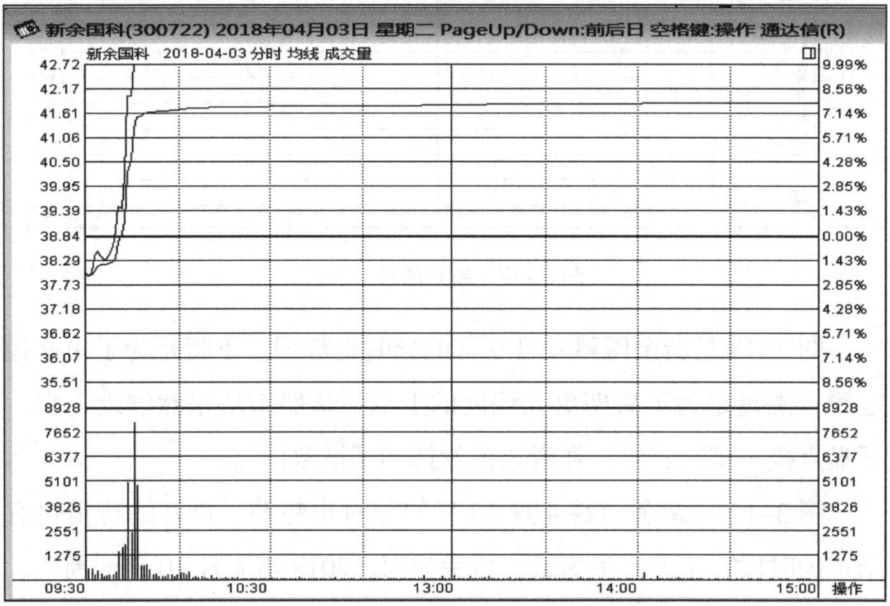

图 3–16　新余国科（二）

图 3–17 是新余国科 4 月 4 日的分时走势图。在当天的上涨过程中，虽然多方暂时遭遇空方的强力反抗，涨停板曾经一度打开，但调整的时间与空间都极小，随后股价再次封上涨停，直到尾盘都没有再打开。中途打开涨停板时，股价调整的量峰明显低于早盘上攻吃货的量峰，由此判断这是主力的洗盘行为，并不是主力出货，所以笔者坚定持股，轻松度过了一个清明节假日。

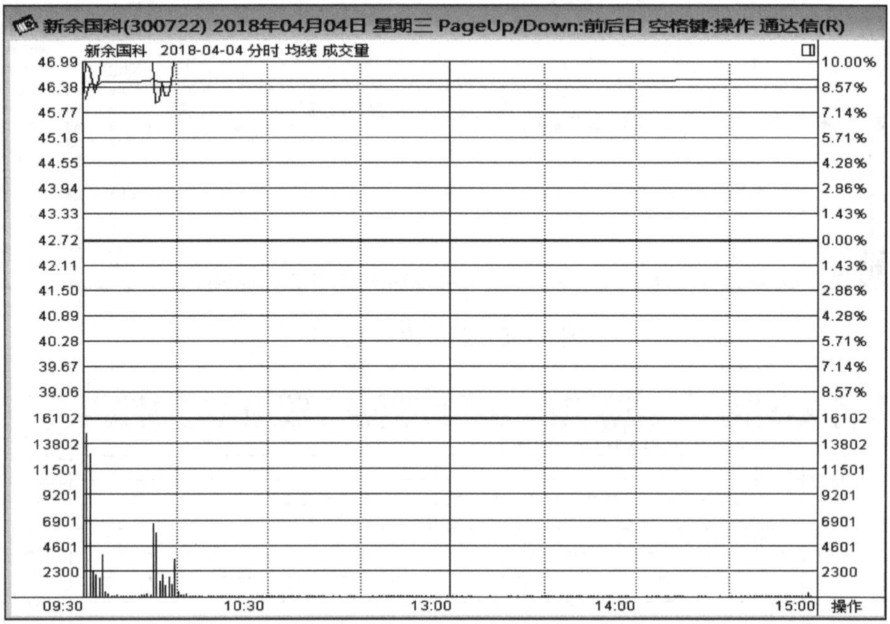

图 3–17 新余国科（三）

图 3–18 是新余国科 4 月 9 日的分时走势图。下蹲是为了更好地起跳，洗盘是为了后期更大幅度的上涨。该股节后果然继续上涨，开盘直接一字封涨停，强者风范发挥到了极致。

图 3–19 是新余国科 4 月 10 日的分时走势图。再好的行情也有结束的时候，主力反手为云，覆手为雨。2018 年 4 月 10 日，周二，虽然早盘又一次以涨停开盘，但是这次打开涨停板之后分时线并没

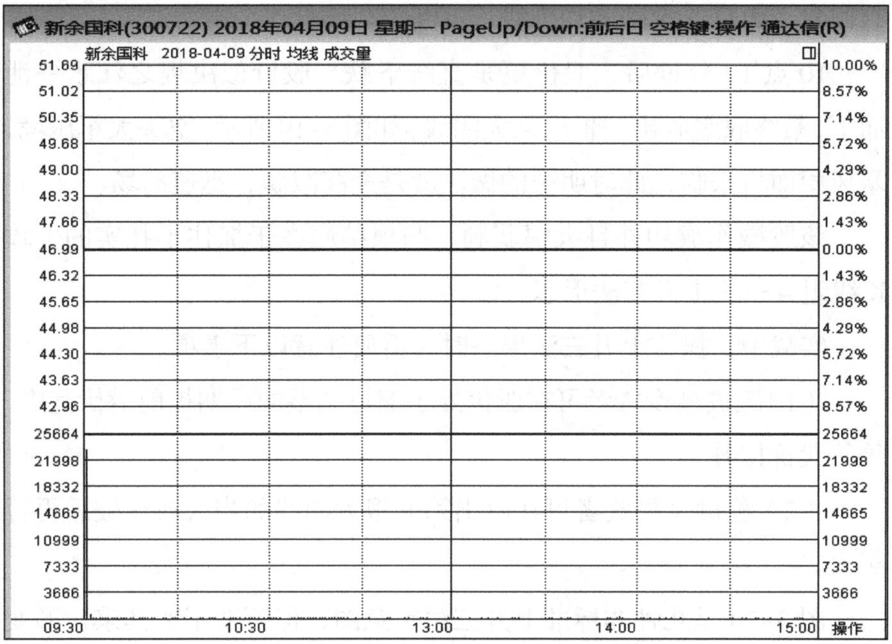

图 3-18 新余国科（四）

图 3-19 新余国科（五）

有回封，而且股价跌破均价线，不断创出新低。

10点10分过后，股价更是直线下跌，股价似决堤之江水一泄而下，最终收盘收出一根巨量大阴线，如图3–19所示。空头大军压境，暴风雨即将来临，此时明智的做法就是逢高减磅，迅速离场。

该股操作成功并且大幅获利，归根结底在于抓住了扎实的上攻K线组合——上升三法形态。

实战中，操作上升三法形态时，需要注意以下事项。

（1）激进型投资者可在股价处于缩量调整的后期提前潜伏其中，等待股价拉升。

（2）稳健型投资者可在收出第五根大阳线的当天或突破后再行买入。

图3–20是几种非标准上升三法示意图，但万变不离其宗，形变神不变。在变形的上升三法形态中，中间的调整K线都是四根。上升三法形态中有四根阴线的调整，也有阴阳夹杂的调整，而且阴线阳线的排列顺序各有不同。

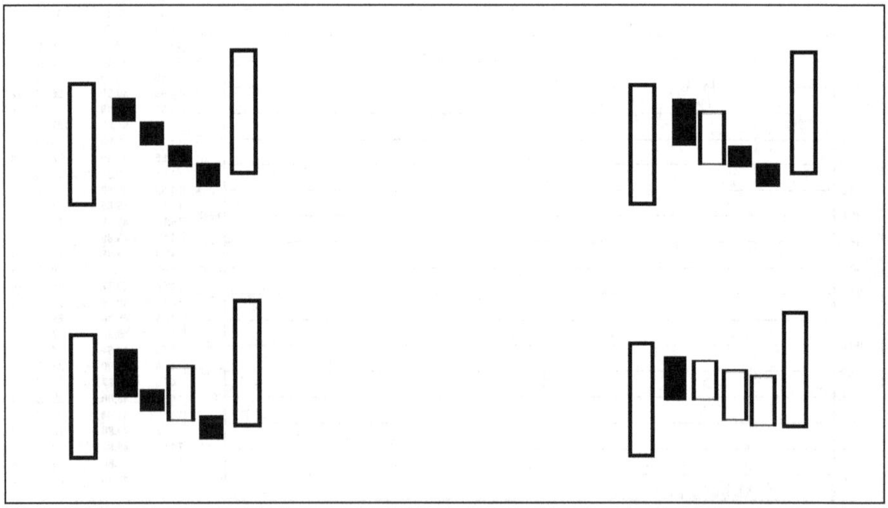

图3–20　上升三法变异形态（一）

上升三法形态中间的调整 K 线，时间更长的话会变异成五根或是六根，但只要满足该形态的大前提，都可将其归入上升三法形态。如图 3–21 所示，前后两根大阳线是外包装，这才是该形态的关键。只要大阳线能满足底部抬高、顶部也抬高就可以。形态分析注重的不是过程，而是结果。

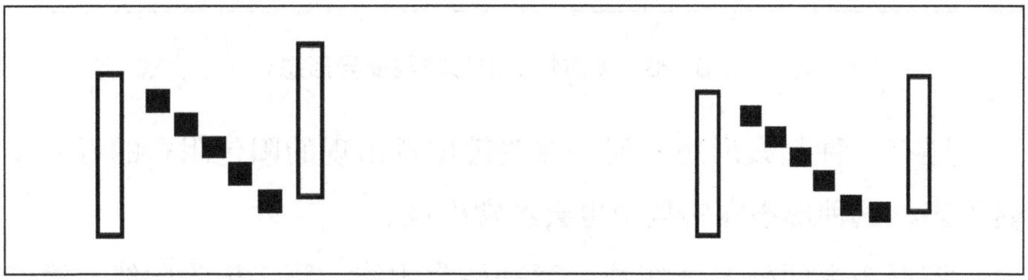

图 3–21 上升三法变异形态（二）

上升三法形态中间的调整可以是多根 K 线，如图 3–22 所示。中间有几根 K 线不重要，重要的是它的形态要符合技术要点。

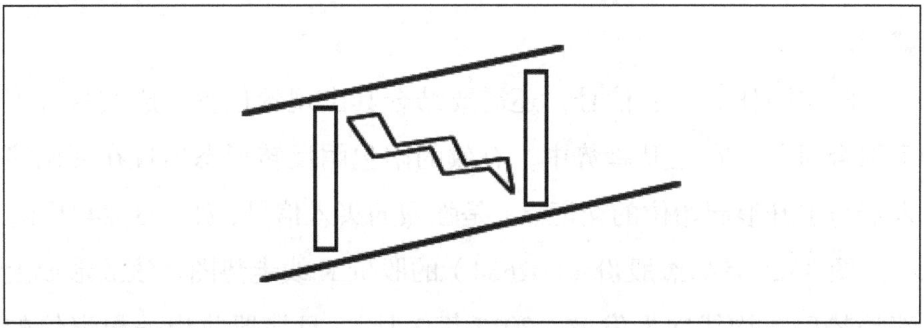

图 3–22 上升三法变异形态（三）

K 线起爆语言除了上升三法形态外，还有多方炮。多方炮也要满足两个低点不断抬高的要求，即后底比前底高，后顶比前顶高。多方炮就是两根阳线中间夹一两根阴线或十字星，标准图形是两阳夹一阴，如图 3–23 所示。

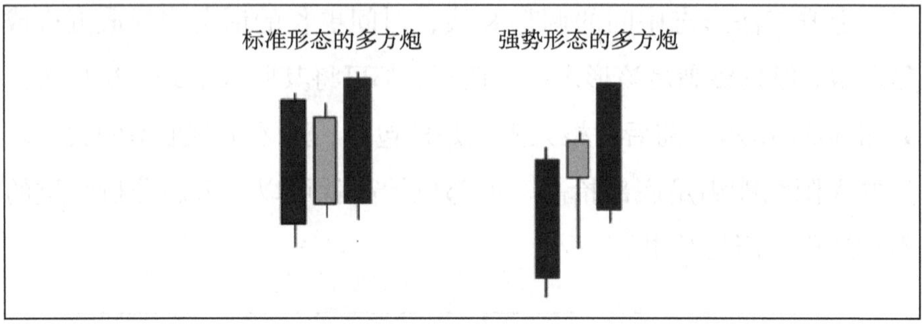

图 3-23　多方炮标准形态与变异形态

还有一种起爆形态，就是在关键位置出现的阳包阴式的吞并反转形态，这种形态在实战中也会经常出现。

该形态由两根 K 线组成，第一根为阴线，第二根为阳线，第二根阳线的实体完全覆盖第一根阴线的实体。穿头破脚阳线说明多头猛烈发力，一举打垮了空头，使走势形成反转。投资者要把这种 K 线组合看作股价即将上涨的信号。其变化形态是前面的阴线不一定只有一根，也可以是好几根，只要后面的阳线把前面的阴线都吞没就行。

阳包阴作为买入信号，还需要结合其出现的位置、成交量等因素综合研判。在上升趋势中，有效的阳包阴反转形态出现在回调浪末端与主升浪起始位的交汇点，是强烈的买入信号，如图 3-24 所示。

图 3-25 是棒杰股份（002634）的股价 K 线走势图。该股形成上涨趋势后，均线向上发散。2017 年 3 月 13 日该股收出一根涨停的大阳线，该阳线一举吞没了前面的几根阴线，这就是变异的阳包阴。

如果再往前看几根 K 线，还可以将它们看作变异的上升三法形态，只不过两根大阳线之间夹了八根整理 K 线。虽说两根大阳线之间的调整时间有点儿长，但该股随后出现了短期暴涨。

另外的看涨形态还包括绝地反击形态和看涨捉腰带线形态，这

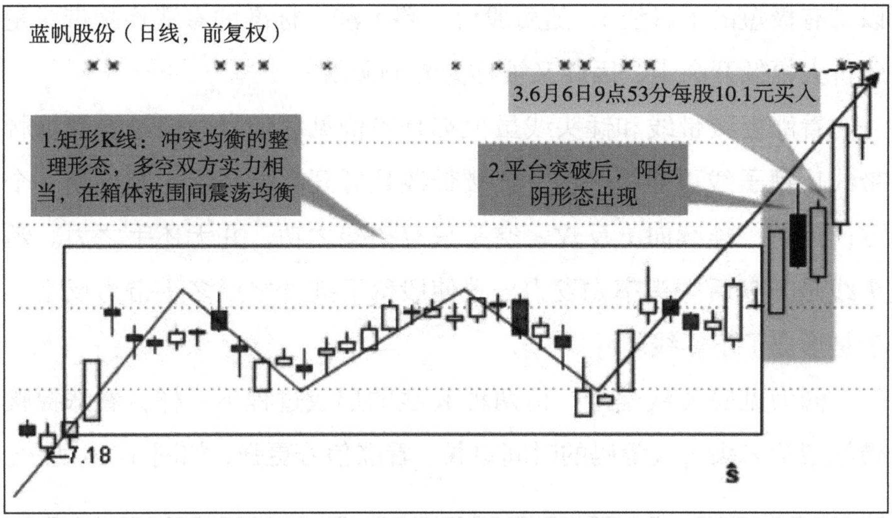

图 3-24　关键位置的阳包阴形态

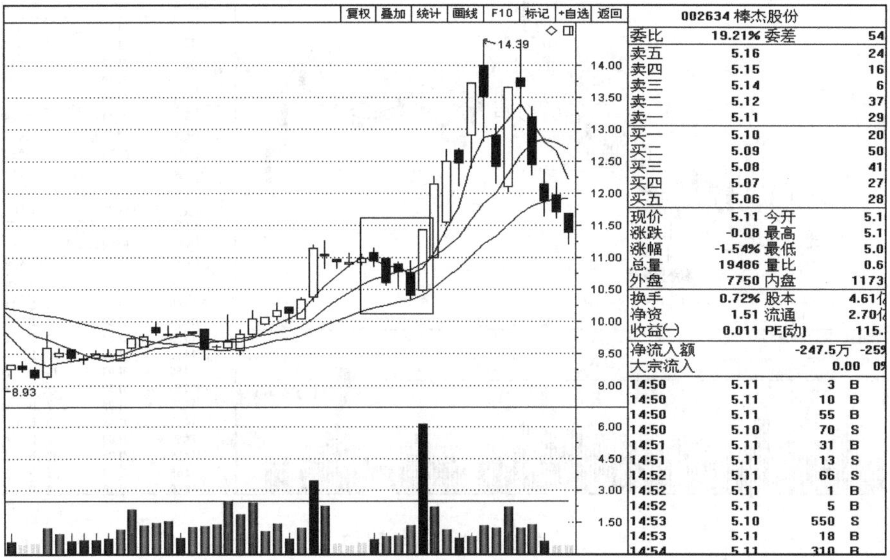

图 3-25　棒杰股份

两种形态不是爆发形态，而是见底形态。

绝地反击形态是一根坚挺的阳线，其开盘价是当日最低价（可以带有极短的下影线)，随后股价一路上涨。标准的看涨捉腰带线是股价大幅低开高走，因此又被称为光脚阳线。

看涨捉腰带线和锤头线虽说都是股价见底信号，但是看涨捉腰带线比锤子线更强势一些。捉腰带线是低开直接高走，股价朝一个方向运行，连续向上反攻，空头只有招架之功，并无还手之力。锤头线是开盘后空头率先发力，致使股价下挫，之后多头奋力反击，于是形成了下影线。

同为见底 K 线信号，但两种 K 线的形成过程不一样，看涨捉腰带线留给多头买入筹码的时间更长，看涨信号更强，如图 3-26 所示。

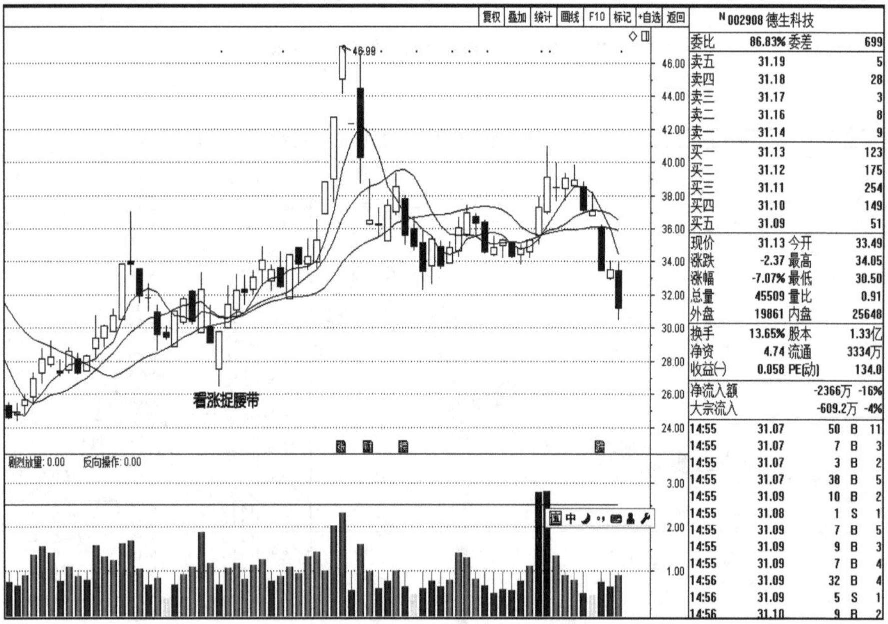

图 3-26 德生科技

看涨捉腰带线是一种股价见底信号，因此在这里只作为研判信号使用，不作为买入依据。

不论是上升三法形态，还是多方炮或是阳包阴的吞并反转形态，都是最后一根强劲的 K 线一举吞掉前面数根较小的 K 线，重要的是这些组合所处的趋势方向。为了规避不必要的风险，投资者遇到类似的情况，最好耐心等待趋势明朗后再采取买入行动。

在上升趋势中，出现上述三种 K 线组合形态后，尽管短线股价仍有下探的可能，但此时理想的买点已经出现，一旦股价越过前期高点形成突破，就会延续先前的上涨趋势。

形成上升三法形态后，有的股价会直接上涨，有的还会继续整理一段时间。在上升三法形态中，前后出现的大阳线被称为阳阳搓揉线，是强烈的上涨信号。

图 3–27 是次新股宏达电子（300726）的股价 K 线走势图。A 区域是变异的上升三法形态，在股价拉升之前就出现了多根阳阳搓揉信号。投资者遇到类似图形，要多揣摩和体会。

以上所讲的起爆形态不可单独使用，所有起爆形态都是在前文所讲的打板的前提下综合运用的。另外，本书所有操作技术都要以

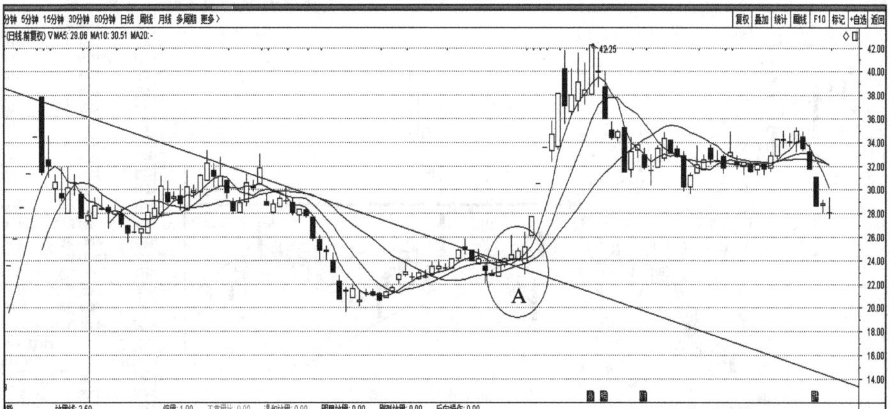

图 3–27　宏达电子

趋势量化交易系统为基础，在该交易系统的指导下进行买卖交易。

上升三法形态不是转势信号，而是表明升势将继续的持续整理信号。通常第一天为急升长阳线，随后是三根小阴线，阴线实体都包含在第一天的大阳线之内，成交量萎缩。接着在第五个交易日又一根大阳线拔地而起，收盘价创出新高，市场重归升途。在该形态中，投资者应在整理结束时建仓或加码买进。

不管是次新股还是老股票，只有出现第五根阳线才可以操作。如果不满足上述条件，最好不要买入，否则处境艰难。

图 3-28 为盐湖股份（000792）的股价 K 线走势图。该股在低位走出绝地反击线之后，股价突破了下降通道，短期均线当时也形成多头排列，出现了上升三法形态中第一根强有力的阳线，随后在阳线的实体内出现了几根小阴小阳线的回调。

以上这些 K 线组合极易让投资者误判是上升三法形态的雏形，但是此后该股并没有走出上升三法形态，因为并没有出现第五根过

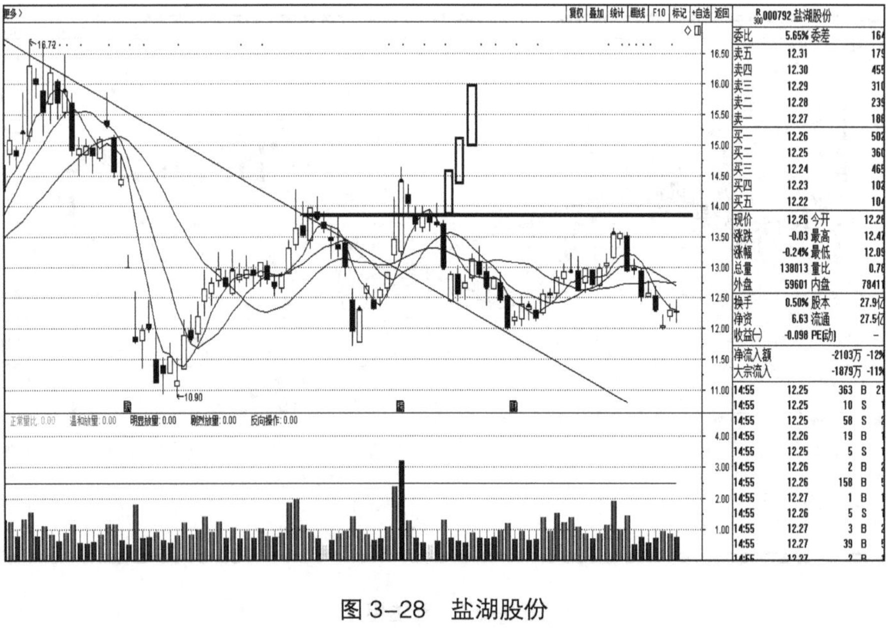

图 3–28　盐湖股份

顶阳线。有多方炮形态吗？没有。有阳阳搓揉吗？也没有。如果信号不明确就过早买入，只会遭受短线上的资金亏损。

一根大阳线改变三观。如果时光能够倒流，在小阴小阳线的回调之后，假设出现了一根大阳线，形成了上升三法形态、多方炮形态或是阳阳搓揉线，那么后市走势很可能就不是下跌，而是一涨再涨了，所以笔者有一句口头禅：趋势下降不操作，信号不出不开仓。

高与低，长与短，涨与跌，阳与阴，都是事物的辩证法。在股票市场，这种辩证法表现得更加形象具体。庄家做庄的理念、套路、手法，也是符合辩证法的。

图 3-29 为振芯科技（300101）的股价 K 线走势图。该股在收出吞并反转形态后，股价突破了下降趋势线的压制，走出均线多头排列。之后出现了变异多方炮（A 区域），双出现了阳阳搓揉线（B 区域），随后股价短线连续涨停。

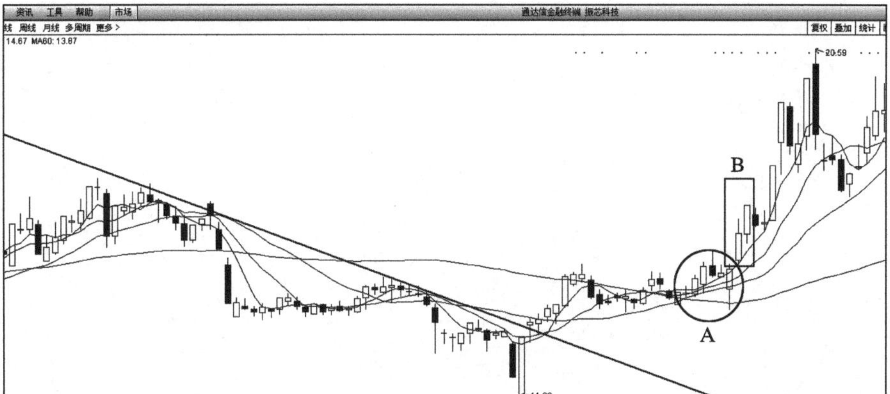

图 3-29 振芯科技

在图 3–30 中，能不能找出几种经典的 K 线上攻形态呢？大家可以尝试着分析一下。

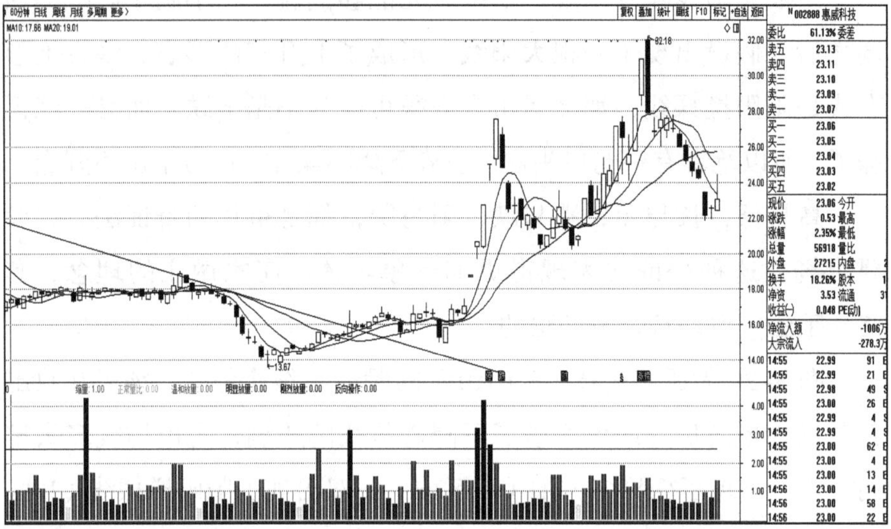

图 3–30　惠威科技

第四节　三种K线起动形态

本节要讲的K线起动形态和上面讲解的起爆形态，在分析方法方面是一样的，只是性质有所区别，都是市场中抓起涨点、起爆点的技术。这里主要分析讲解好友反攻、绝地反击和并列阴阳线三个K线组合形态。

这三种K线组合形态都属于筑底的K线形态，出现的位置相同，都是股价下跌或回调的末端位置，只不过表现形式有所不同。

1. 好友反攻

好友反攻出现在下跌行情末端，先是出现一根大阴线，然后由几根小阳线收复大阴线失地，一般标准为三根小阳线，有时也可以是两根，在大阴线的顶端再收出一根阳阳搓揉线，此阳线须为涨幅3%以上的中大阳线，这种K线组合形态为好友反攻。

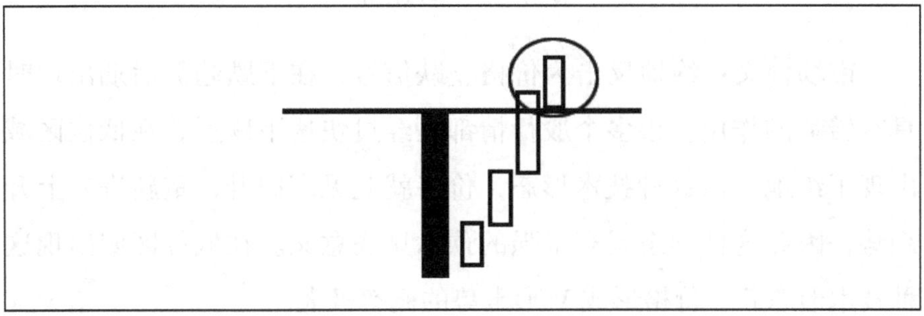

图3–31　好友反攻

市场含义：见底信号，提示投资者不要再盲目看空。

确认信号：后市第三根阳线收盘价与前一根大阴线的开盘价持平或在其上。

操作指导：不宜盲目看空，持股者不要盲目割肉，空仓者可小仓位买入。

2. 绝地反击

前期价格经过长期下跌或是大幅下跌，做空能量得到充分释放，成交量处于极度萎缩状态，此时多方重新集聚力量。突然某一天，价格低开高走或是平开高走，盘中收出了一根大阳线，一般把这种低开高走或平开高走的放量大阳线称为“绝地反击”。

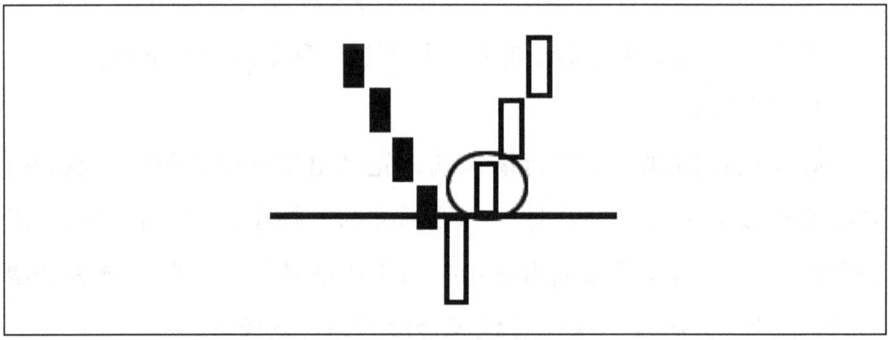

图 3-32　绝地反击

市场含义：绝地反击为价格止跌信号，在下跌趋势后期出现时具有转势的作用。很多个股行情都是经过快速下跌后，在低位区域出现了绝地反击这种技术形态，价格就此见底回升，重新进入上升趋势，因此这种形态具有很强的预示见底意义。在低位区域出现这种技术形态后，价格形成 V 形走势的概率极大。

3. 并列阴阳线

并列阴阳线在 K 线图上表现为前面一根长阴线，接着收出一根长阳线吞没了前面的长阴线，这种一阴一阳的并列形态被称为并列阴阳线，也可称作阳包阴吞并反转。

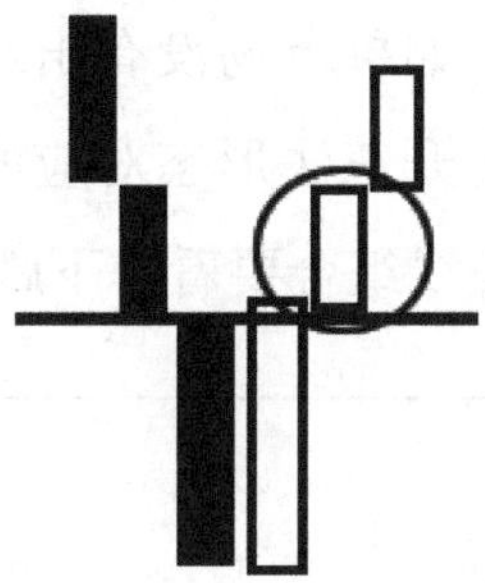

图 3-33　并列阴阳线

在市场表现中，这种形态有两层意义：一是反转形态，预示后市从下跌行情转为上涨行情；二是洗盘形态，如果该形态出现在上涨途中，预示之前的阴线仅是上涨过程中的一次回调洗盘。

下面逐一讲解这三种 K 线组合。

首先来看好友反攻形态的市场意义。

先是空方把股价噼里啪啦往下打。在下跌的末端，市场收出一根大阴线，然后多方开始一点一点地往上攻击。多方用了三个交易日（少则两日，多则四日，都是可以的）吃掉了大阴线的跌幅。这种走势看似多头反攻很温柔，实则是主力在偷偷吃货。

通过这几根小阳线的反攻，价格站到了大阴线的高点上。伴随三根反攻过顶之后的阳线，又拉出了一根阳线的搓揉线。加上搓揉线，市场总共连续收出四根阳线，在大阴线实体之内的阳线被称为反击线，在大阴线之上的阳线为攻击线。收出攻击线之后，股价或者直接上涨，或者盘整几天，构建一个小的平台，然后突破盘整平台后再启动上涨。

该形态的形成机理是，股价下跌见底以后，主力资金不急于把股价拉起来，而是慢慢悠悠地让股价往上涨，给投资者造成一种假象，以为反弹无力，股价还要往下跌。

三根阳线反击之后，如果市场没有出现攻击线，反而出现一根大阴线，这就形成了与上升三法形态对应的下降三法形态，之后行情必然要下跌，这样的 K 线组合要看作下跌中继，如图 3-34 所示。

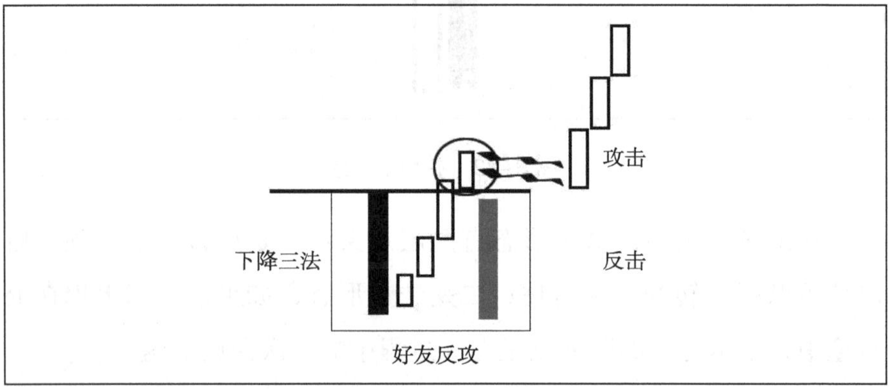

图 3-34　好友反攻与下降三法形态

在好友反攻形态中，行情并没有在这个位置出现大阴线，而是又收出了一根继续向上攻击的阳线，这根阳线就是明确的看多信号。一根阳线决定了市场多空局面，所以这根攻击阳线才是形态的关键，其重要性不言而喻。

下面来看绝地反击形态的市场意义。

绝地反击就是股价接二连三、连续不断地下跌，使股价跌到了绝境。最后一根阳线大幅度低开，在市场中制造出最后的恐慌。此时多头破釜沉舟，背水一战，开盘之后发力上攻，使得开盘价就是当日最低价，股价在分时图上一直向上走，最后形成了一根低开高走的阳线，阳线实体越大越好，这就是绝地反击，如图 3-35 所示。

绝地反击形态中，创出新低点的阳线大幅低开，其目的就是制造终极恐慌，吓出最后的持股意志不坚定者，促使持股者把股票割在地板上，主力则顺势捡走带血的筹码。

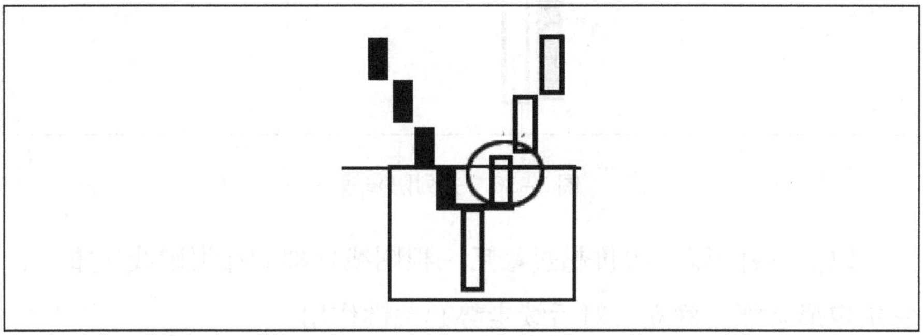

图 3-35　绝地反击

绝地反击形态形成之后，股价能不能上涨，要看后市是否出现第二根阳线，并且该阳线能不能越过最后一根阴线的高点。第二根阳线越过最后一根阴线的高点，后市才具备看多的理由。

绝地反击形态底部的三根 K 线组合，是明显的底分型结构。这个底分型的性质和强度不同，后市上涨力度和上涨空间也不一样，因此这时关键要看多头反击的力度。

绝地反击是强烈的看涨信号。形成底分型后，如果再次收出一根阳线，就演变成了底部红三兵。如果在第二根阳线位置出现小阴小阳线的震荡走势，几个交易日后才出现标准形态中的第三根阳线，也属于看涨信号。

并列阴阳线也叫阳包阴结构或看涨吞没形态。并列阴阳线能不能看涨，同样需要后市出现看涨阳线的确认，如图 3-36 所示。并列阴阳线形态出现后，如果后市出现了多方炮、上升三法形态、阳阳搓揉线，就是股价的起爆点。

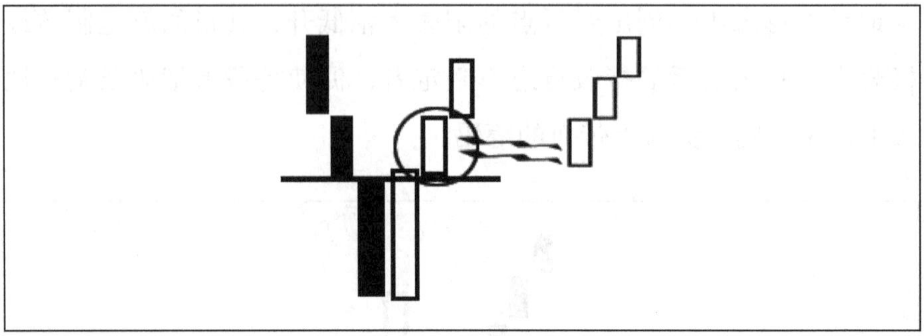

图 3-36　并列阴阳线

以上三种形态，股价超过最后一根阴线顶部的那根阳线最重要，它决定形态能否确立，对后续走势起关键作用。

在分析这三种 K 线组合形态时，还有一个重点，即股价反攻确立的位置至少要站在一条移动平均线之上，这是实战操盘的重中之重。这条平均线可以是 20 日均线，也可以是 30 日均线、60 日均线或 120 日均线。

因为股票所处的阶段不同，位置不同，强弱不同，突破的均线也会不同。越是在弱势市场，也就是行情起动的初期，越容易突破长期均线，因为从熊市步入牛市的牛熊转换初期，长期均线都是反压的。越是在强势市场高位的时候，也就是在行情上涨过程中，越容易突破的是短期均线，因为此时大周期均线已经形成多头排列，K 线在均线上方运行，股价都是远离长期均线的。

这里和大家分享一个操盘口诀：拉升看幅度，回调看高低；幅度走得强，回调不破低；线上出买点，股票还能起。

以上三种技术图形，关键的攻击阳线必须满足站上四条移动平均线中的一条这个条件，才是价格有效的起动形态，才能形成后市的上涨行情。上涨过程中，还需要其他形态和结构的配合，如图 3-37 所示。

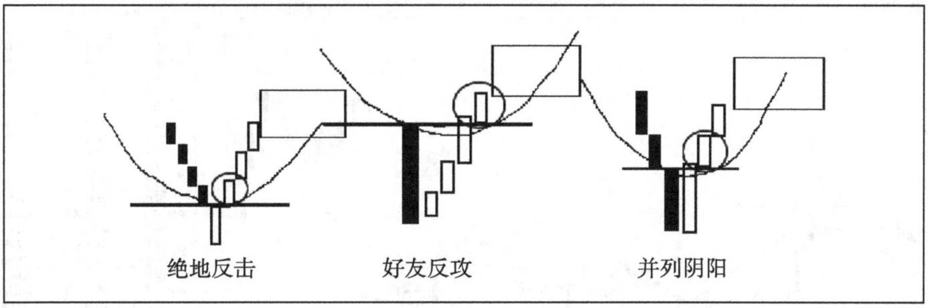

图 3–37

通过以上讲解，大家懂得了 K 线组合形态的内涵，以及 K 线形态结构和均线系统的有机配合。

本节着重讲解了均线之下筑底的过程，都是股价跌破均线后再回到均线之上的 K 线组合形态，其中的市场多空博弈顺序是先筑底后上涨，先迎头反击后乘胜追击。

在上涨行情中，先是出现本节讲解的三种 K 线组合形态，然后在图 3–37 的方框区域出现多方炮、上升三法等上攻形态，随后股票大涨。这两类 K 线形态组合在一起，就构成了股价上涨走势的主体。

图 3–38 为东方嘉盛（002889）的股价 K 线走势图。该股在 2018 年 3 月底构筑第二个底部时出现了绝地反击加好友反攻形态组合，并且第二个底部相对第一个底部抬高。

分析股价，首先要划趋势线，确认已经形成上涨趋势。该股在第二个底部出现反击 K 线之后，收出了攻击确认阳线，并且股价有效站稳了 60 日均线，随后股价开始了吸筹式上涨。

可是这一波上涨行情并没有走多远，股价上涨至上升通道上轨线处即遇阻回落。股价回调至上升趋势线处第二次得到支撑，股价在此点位再次筑底。在走出明确的底分型后，行情出现了多方炮、阳阳搓揉线走势，紧接着行情爆发，主力连续拉出三个涨停板。从

图 3-38　东方嘉盛

形态上来说，这不是一个双底形态，而是一个三重底形态，日本蜡烛图技术把它叫作三川形态。

图 3-39 为蒂佩股份（300673）的股价 K 线走势图。大家可以尝试从中找出熟悉的 K 线组合形态和结构，多琢磨，多感悟，才能把

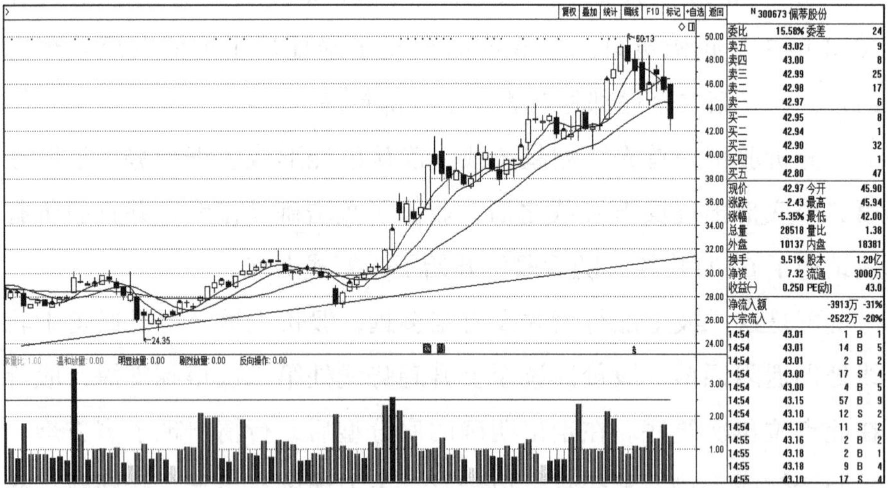

图 3-39　蒂佩股份

学习的东西内化为自己的分析能力。知道不一定理解，理解不一定精通，只有吃透 K 线组合形态和结构的内在机理，实战操作中才能得心应手，有效提高操盘成功率。

第五节　K 线组合多空反转形态

股票价格运行过程中，走到某个关键的拐点位置时，会出现一些关键 K 线，尤其是突破趋势线位置的大阴线，此时要格外注意。

图 3-40 为海峡股份（002320）的股价 K 线走势图。2018 年 4 月 17 日，该股跌破上涨趋势线，当天收出一个天地板和巨量长阴线，这是炒股最怕的走势，也是投资者的灾难。

股价由涨停到跌停，全天跌幅达 20%。投资者遇到这种图形走势千万不可介入，后市还将有更大幅度的下跌。

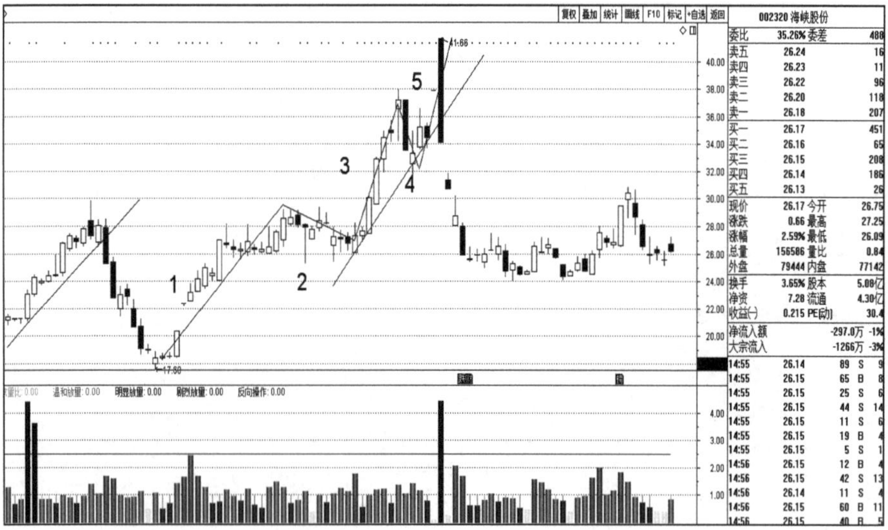

图 3-40　海峡股份（一）

图 3-41 为海峡股份 2018 年 4 月 17 日全天盘口分时走势图。从图中可以看出，开盘瞬间股价就呈现瀑布式下跌，说明主力机构压盘出货，不让市场其他筹码有出逃的机会。如果手慢一点儿，可能大家都没来得及撤单，股价就跌了十几个点。这种打压出货的方式反映主力极其凶狠，操盘手法极为凶悍。这种涨停板和分时走势就叫“妖魔停板”。在下午的交易时段，虽然跌停板数次打开，但也是主力出货的毒招。

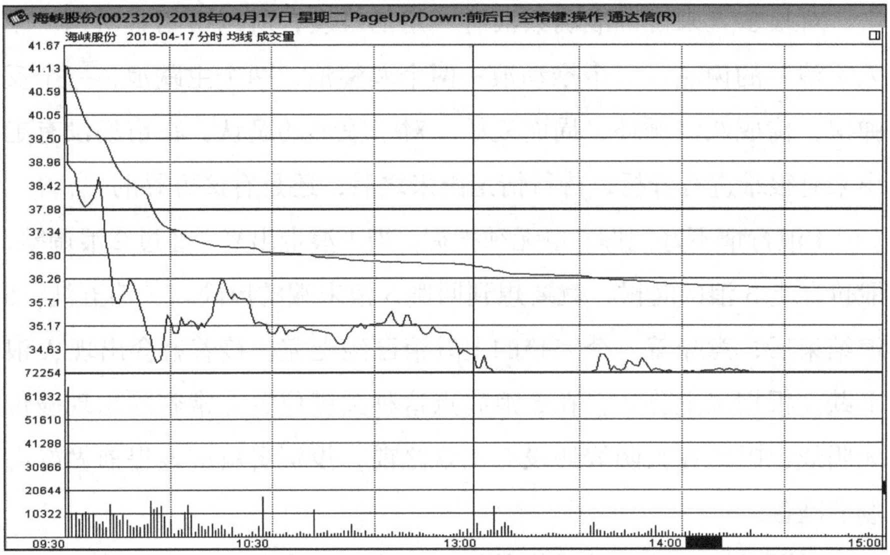

图 3-41 海峡股份（二）

既然这种风险这么可怕，有没有方法有效规避呢？下面就来进行量化分析，这就涉及本节讲解的关键位置的关键 K 线。

关键位置的关键 K 线和浪形结构有关。了解艾略特波浪理论的人都知道，股票在上涨过程中有八浪结构，分为上升五浪和下跌三浪，这是炒股的基本知识，如图 3-41 所示。

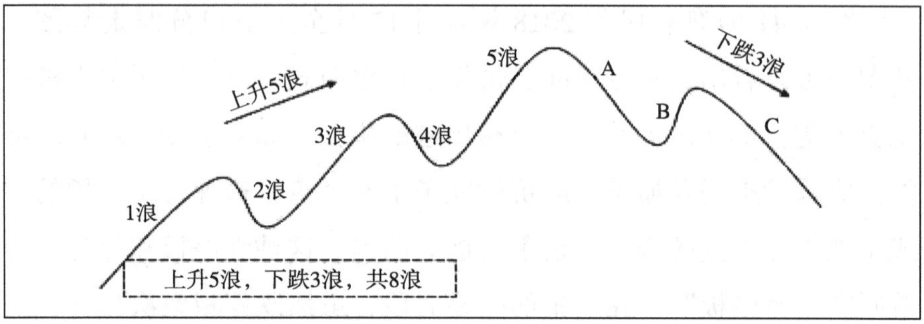

图 3-41　八浪结构

对很多人来说，准确数浪有一定的难度，所以市场有所谓“千人千浪”的说法。三个推动浪，两个调整浪，两个主跌浪，一个反弹浪，构成八浪循环，周而复始。对于浪形的确认，在市场没有走出来时很难进行分析，待行情走出来之后，还是有迹可寻的。

1 浪行情不好把握，也无须把握。当 1 浪走出来，经过 2 浪调整，股价在走 3 浪的时候，就要想到回避 5 浪末端的风险。三浪五波，5 浪结束后，意味着一个完整的上升浪已经走完，接着就会出现 A 浪下跌。根据以上分析，在 5 浪高点这种关键位置非常容易出现破位大阴线，因此在大阴线还没有出现之前，投资者就应该提前做好离场的准备。

所谓反转 K 线，就是在关键位置出现的大阳线或大阴线。反转 K 线分为多反空和空反多两种。

图 3-42 为新疆火炬（603080）的股价 K 线走势图。M 区域的 K 线为反转 K 线，此为反转看涨行情。股价突破下降趋势线后出现的大阳线，为反转看多 K 线。从浪形上划分，股价经过了 A、B、C 三浪下跌，并且运行到了 C 浪末端，根据波浪循环理论，C 浪结束后，上涨浪即将来临，所以此点位出现突破，预示着行情将多空反转。

图 3-42 新疆火炬

前文讲到的绝地反击、阳包阴以及好友反攻 K 线形态，其中的反转阳线都可以称为关键位置的关键 K 线。关键 K 线在关键位置发挥的作用尤其重要，如果市场处于下降趋势，就算出现阳包阴形态，其市场意义也不大。这就是很多人见到阳包阴后抄底失败的原因，因为阳线上涨引发的趋势性不强。

图 3-43 为启迪设计（300500）的股价 K 线走势图。4 月 17 日，该股股价跌破上升趋势线，收出一根大阴线。这是一根下跌起动阴线，它既不是乌云盖顶，也不是断头铡刀，但它是空头往下砸盘的起动点。

在这根阴线的上方，有一根阳线和一根阴线，高位并列组合为阴阳顶。随后收出的一根大阴线验证了下跌走势，这就说明市场的上涨已经宣告结束，此时再买入只能充当接盘侠。虽然后市跌幅不大，但很容易造成市场恐慌，投资者看见这根阴线，在心理上会产生很大的畏惧。参与回调就相当于参与下跌，此后股价一路震荡走低，意味着市场资金不断出逃。

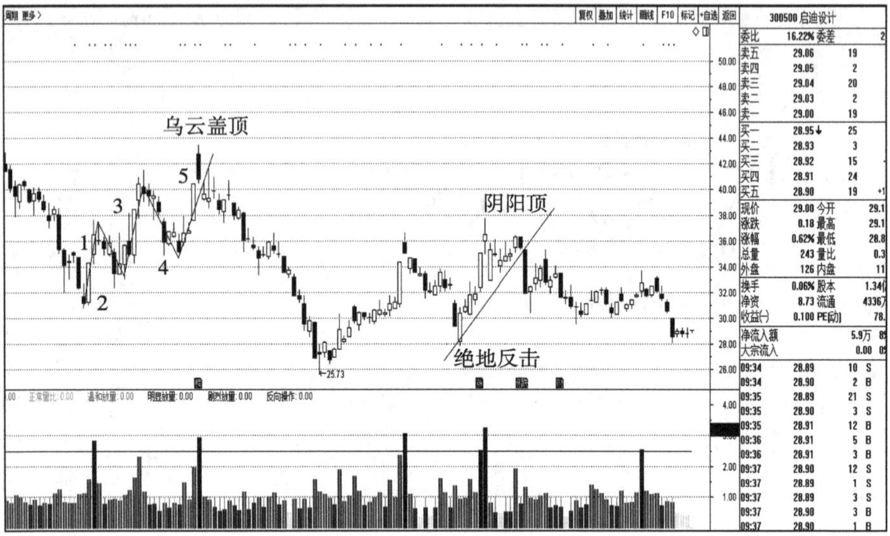

图 3-43　启迪设计

图 3-44 是上证指数 K 线图。2018 年 5 月 23 日，大盘收出一根阴线，这就是下跌起动阴线。

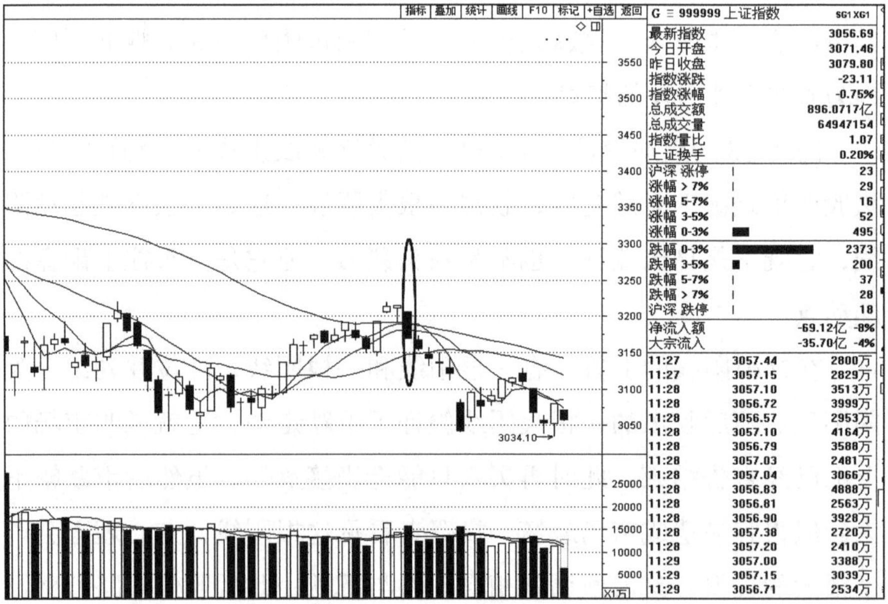

图 3-44　上证指数

再看图 3-43，启迪设计在 2017 年 11 月的那波上涨行情中，当时市场走出了明晰的小五浪结构。在 5 浪的头部出现了乌云盖顶形态，随后展开了一轮大幅下跌。

乌云盖顶对应的形态是绝地反击。这两种形态，一个是高开低走，另一个是低开高走；一个在低位看涨，另一个在高位看跌。乌云盖顶的变异形态是断头铡刀和穿头破脚，这些都是强烈的看跌信号。这三种下跌 K 线组合（见图 3-45）都是 K 线基本知识，不是本书讲解的重点，投资者如果想深入学习，可以参阅其他相关资料。

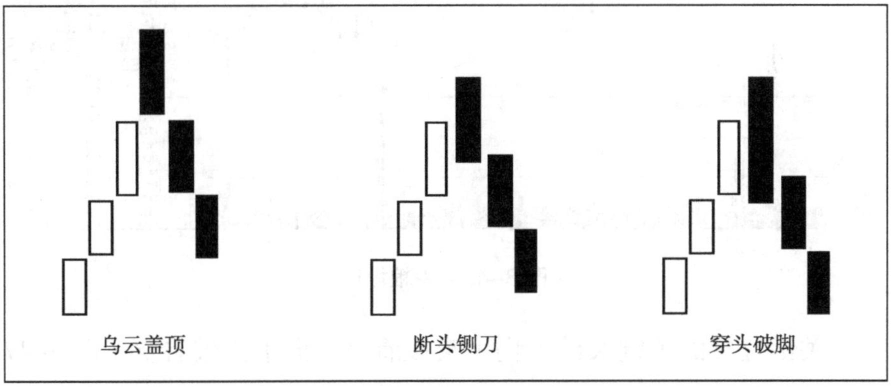

图 3-45　三种顶部 K 线组合形态

看涨是并列阴阳线，看跌是并列阳阴线，阴阳线是先有阴后有阳，阳阴线是先有阳后有阴，前者是见底信号，后者是见顶信号。

图 3-46 为中粮地产（000031）的股价 K 线走势图。2018 年 4 月 17 日，该股 K 线走势图中出现了穿头破脚 K 线组合，这种阴包阳的 K 线形态没有理由不看空。遇到这种技术图形，投资者要夺路而逃，以持币观望为主，不要幻想后市会有拉升。

图中 A 区域，大家要关注关键位置的关键 K 线，尤其是跌破趋势线、击破多条均线的大阴线。除去其他因素，三角箭头所示为黄昏星 K 线形态，在股价没有走出破位行情之前，很多人会误认为该形态是看涨的仙人指路。一旦行情走出一根破位阴线，就确认了其不是仙人指路，而是魔鬼指路。高位避雷针和破位大阴线，前后两根 K 线互相验证，确认下跌行情已经开启。

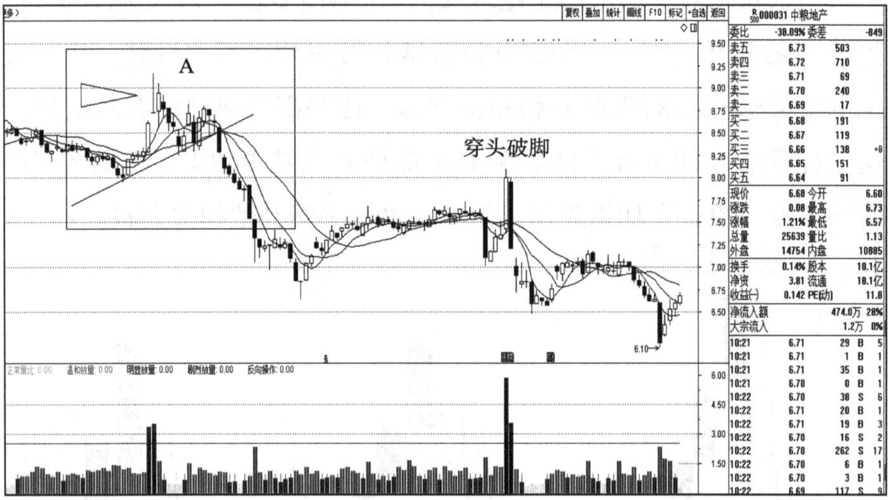

图 3-46　中粮地产

关键位置的关键 K 线，向上突破看涨，向下突破看空。图 3-47 是看涨看跌示意图，图中多空反转一目了然，更加直观。

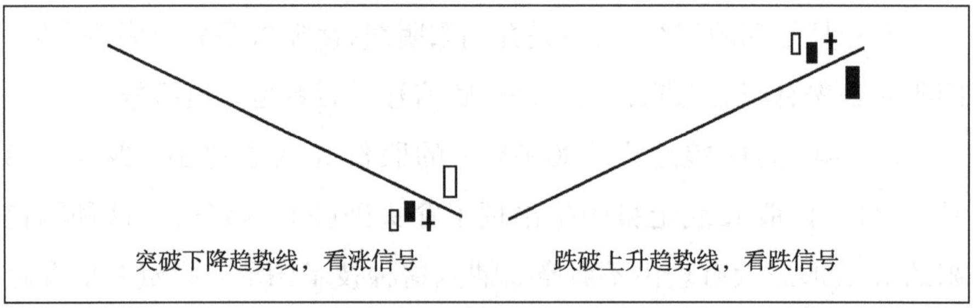

图 3-47　看涨看跌示意图

图 3-48 为安妮股份（002235）的股价 K 线走势图。在股价突破趋势线以前，多头或空头在趋势线线下或线上蓄力，收出几根小阴

小阳线。之后股价突破下降或上升趋势线，这就是明确的看涨或看跌信号。上涨与下跌，盈亏同源，道理是一样的。

在这个突破点，关键位置的关键 K 线被称为反转 K 线。下面再来细化分析反转 K 线，看看多空两种反转在分时图上各有什么走势特点。

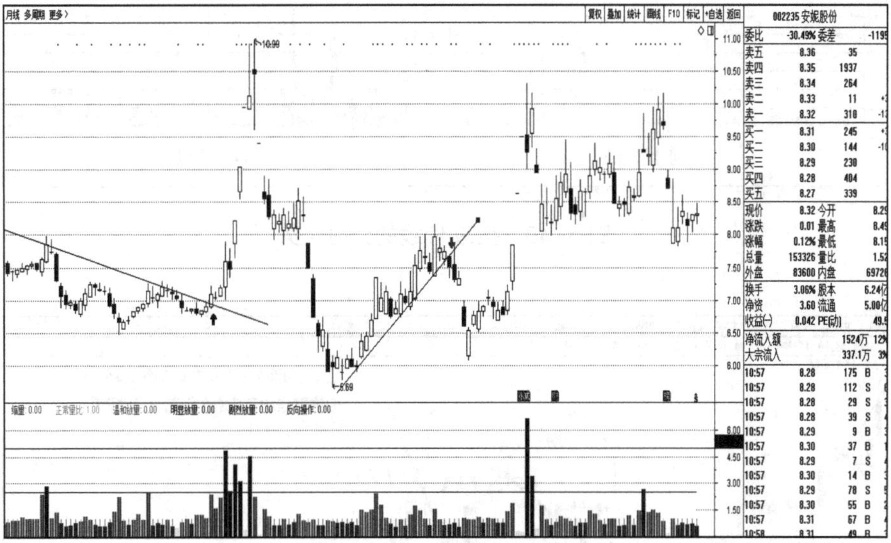

图 3–48　安妮股份

图 3–49 为安妮股份向上或向下突破趋势线时的全天分时走势图。把两根日 K 线的分时走势图单独拿出来进行对比分析，明显可以看出，在向上突破中，股价分时走势图是向上长攻，全天分时走势都表现得十分强劲，即时线一直处于均价线之上，市场一直处于买进模式。在向下破位中，股价则一路震荡走低，市场处于卖出模式。

图 3–50 为宇顺电子（002289）的股价 K 线走势图，图中三处圆圈标注了三根阴线。后面两根 K 线都是阴线，但其含义却大不相同。最大的不同是，第二根阴线处于 4 浪回调末端，而第三根阴线是 5

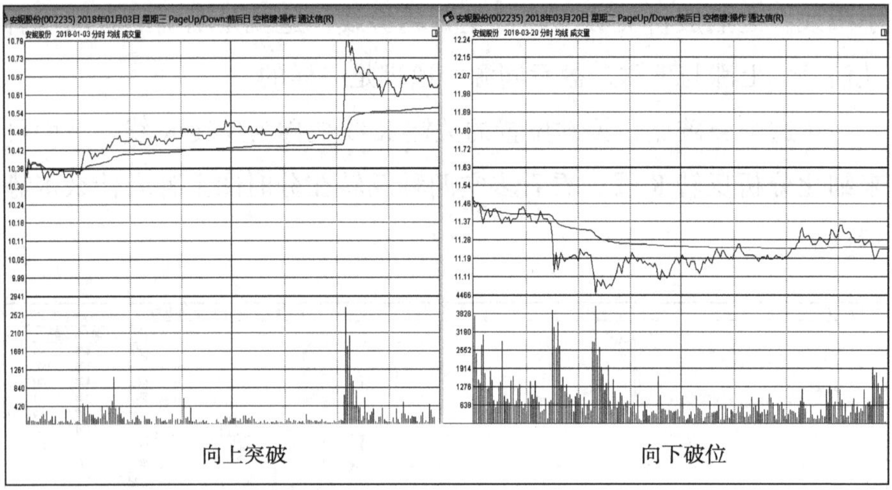

图 3-49　突破 K 线的分时走势

图 3-50　宇顺电子

浪上涨结束后的 A 浪下跌过程中出现的，5 浪结束才是多头行情真正结束的位置。

股价在 2 浪、4 浪下跌和 A、C 浪的下跌中有根本的不同。在 1 浪、2 浪、3 浪、4 浪这前四浪位置，出现阴线时可以介入，如果 5 浪不走失败的图形，那么在 5 浪有解套或获利出逃的机会。也就是说，5 浪之前的阴线位置买入，被套时可以先忍一忍，也可以把这些阴线理解为一种诱空或是行情的暂时回调。但是 5 浪结束后再出现阴线，性质就不一样了，后市就是货真价实的下跌。

图 3–51 是八浪循环示意图，在回调浪 2 浪和 4 浪两处下跌时出现的阴线具有欺骗性。这两个位置走出来的阴线与主跌 A 浪下跌时出现的阴线相比，在日 K 线图上的表面形式差不多，从外观上看没有什么明显差别，但对它们的分时走势图进行分析，就会发觉它们的市场含义明显存在差别。

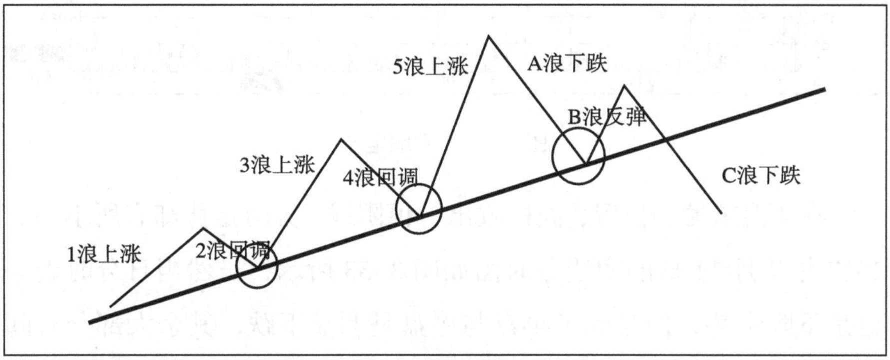

图 3–51

下面还以宇顺电子为例，看看 2018 年 1 月 16 日向下破位 K 线的分时走势有什么异同，如图 3–52 所示，收出这根破位阴线当天，早盘出现了大约两个点的低开，随后放量下跌。虽然盘中曾经出现反弹，但是量峰的高度和强度明显较弱，反弹过程中的量能密集峰明显小于下跌量峰，表明市场反弹乏力。随后分时图中股价一直维持着沿下降通道下跌的走势，多头再无反抗，因此当天分时走势是标准的卖出模式。

图 3–52　宇顺电子

在 4 浪末端的位置，同样收出一根阴线，分时走势却有所不同。2017 年 7 月 11 日的阴线分时图如图 3–53 所示，虽然当日分时走势也是下降走势，但是除了早盘与尾盘是明显下跌，其余大部分时间都是横盘的高控波震荡。横盘震荡就证明多头和空头势均力敌。

盘中多头明显进行了抵抗，只是尾盘出现了跳水，表明盘中有多头在少量买进。另外，该阴线当天的下跌时间明显少于破位阴线当天的下跌时间。图 3–52 显示大部分时间股价都在往下走，形成瘪球落地的走势，空头明显占优。

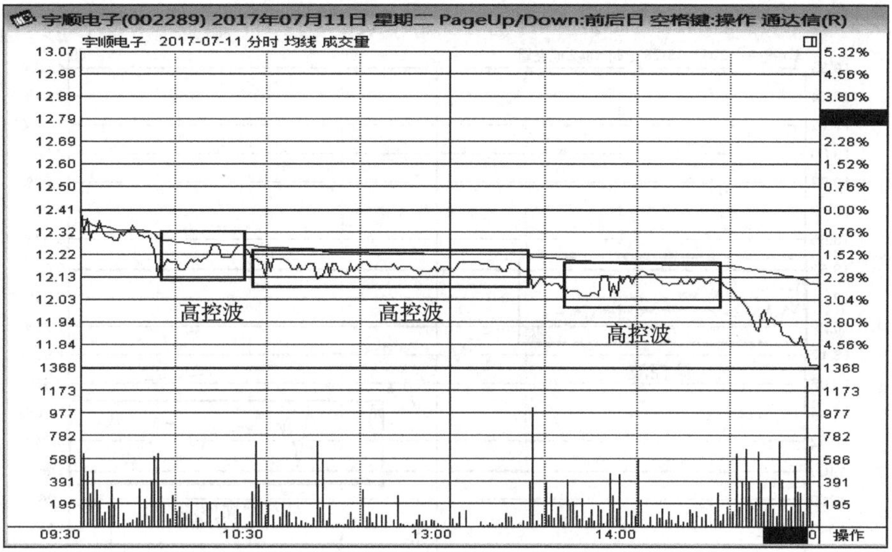

图 3–53　宇顺电子

第一根阴线也就是 2017 年 6 月 23 日收出的 K 线，它对应的分时走势如图 3–54 所示。从这个图形可以看出，当日早盘多头也是有抵抗力的。虽然中间有所下跌，但是全天多空双方的力量旗鼓相当，大部分时间是横盘。到尾盘时价格抬升，而且轻微放量，明显也是一根抵抗性质的阴线。分时线两头横盘，中间下跌，并非一路阴跌的卖出模式。

由以上分析可以看出，同样是阴线形态，但是三根 K 线内部分时结构有所不同。从关键位置的关键 K 线可以看出哪个是在洗盘，哪个是在卖出。不同位置的 K 线形态，含义也有所不同，请大家一定要弄清楚谁是破位阴线、谁是回调阴线。

图 3–55 为任子行（300311）的股价 K 线走势图。图中两个圆圈的位置都出现了并列阴阳线 K 线组合，并且都有上下影线。从外观来看，二者似乎并没有什么区别，反倒第一个阴线实体更大一些，可是前者后出现了上涨，后者之后却出现了下跌，这是为什么呢？下面打开 K 线分时图来分析一下，如图 3–56 和图 3–57 所示。

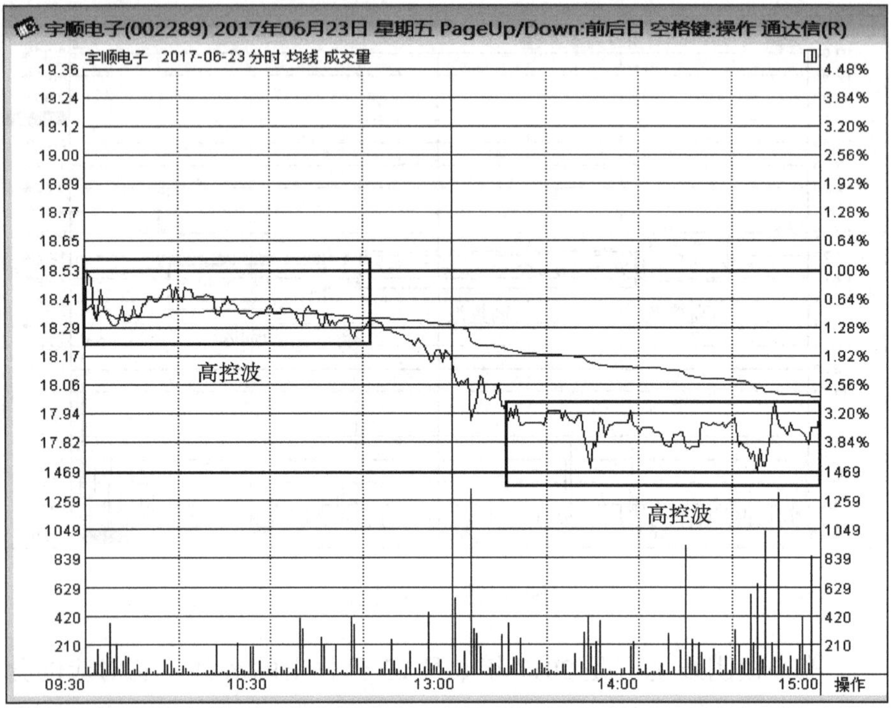

图 3-54　宇顺电子

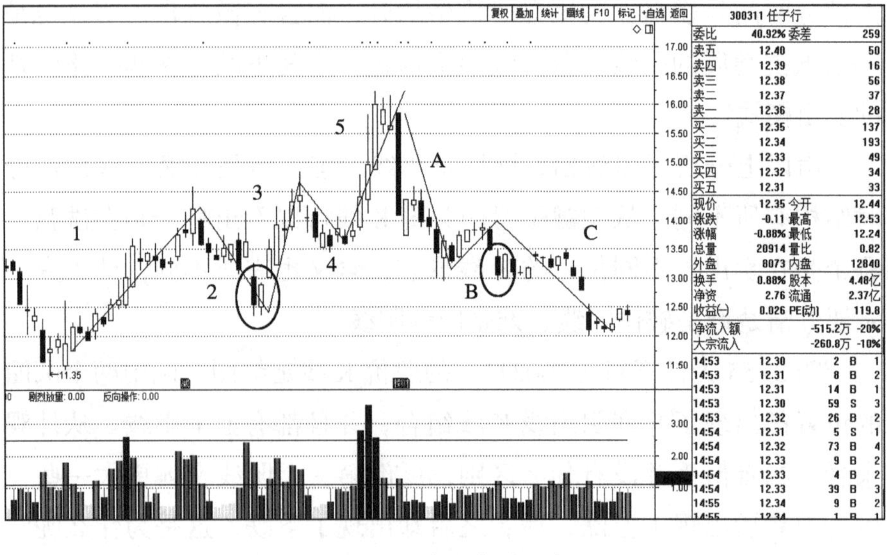

图 3-55　任子行（一）

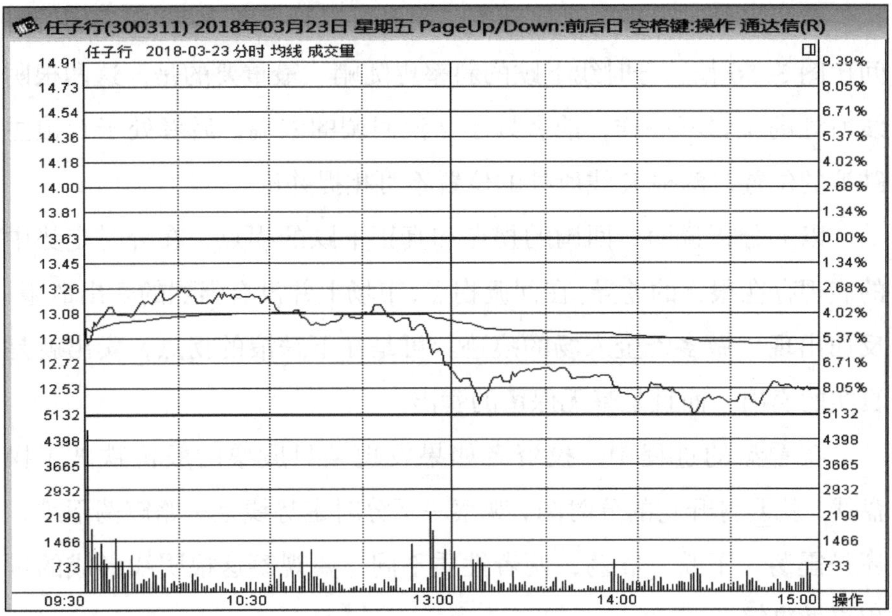

图 3-56 任子行（二）

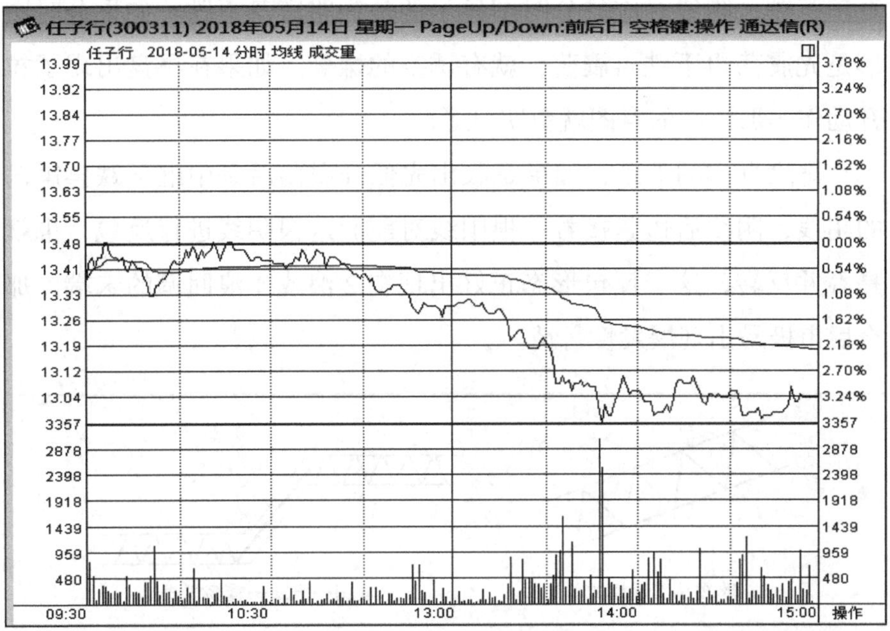

图 3-57 任子行（三）

对两张分时走势图对比分析，明显可以看出图 3–57 中卖出的时间比图 3–56 长，分时线下跌的斜率更陡峭。最重要的是，这两根阴线所处的位置不一样，前者处于 2 浪回调的末端，后者处于 C 浪主跌浪的位置，两根 K 线所处的位置不可相提并论。

以上分析说明，回调的拐点和真正下跌的拐点，在分时走势中的表现存在很大的差异。在回调拐点，市场上并没有强烈的卖出欲望，反而出现了做多资金入场的痕迹。可是在下跌浪的拐点，卖出就是真实的卖出，而且是毫无保留的卖出。

在看盘的过程中，投资者如果发现某只股票的股价跌破了操盘线，就要打开它的分时图，观察一下分时走势线是一路震荡下跌，还是震荡—下跌—震荡，两者性质不同，要观察这根阴线形成的过程再做决定。

图 3–58 为一路震荡下跌和震荡—下跌—震荡模式示意图。个股真正下跌，阴线对应的分时图显示的是一路震荡下跌。如果分时图形是先震荡再下跌再震荡，就有诱空的嫌疑。如果在尾盘出现了拉升动作，那诱空的意图就更明显了。

排除真实的下跌，如果是收出先低开震荡后是中继下跌再震荡的阴线，阴线后边紧接着一根阳线对前面这根阴线进行反包，也就是吞并反转，这个反包形态正好出现在 2 浪或 4 浪回调的末端，那么后市极易出现爆发性行情。

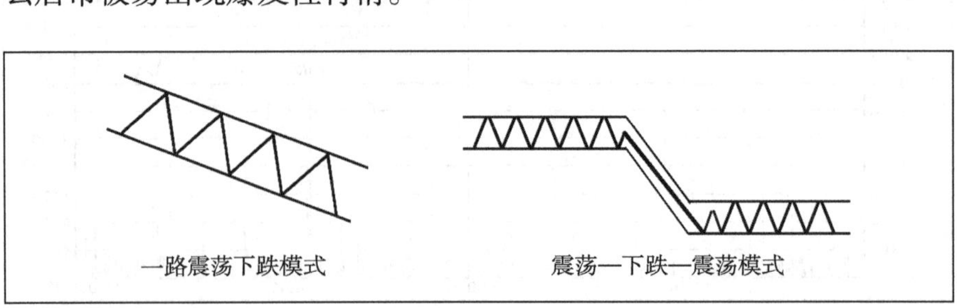

图 3–58

图 3-59 为大烨智能（300670）的股价分时走势图。我们先忽略这是哪只股票，也不考虑它属于什么板块，只看这张分时图走势，可以看到它符合前面分析的要介入的阴线模式。

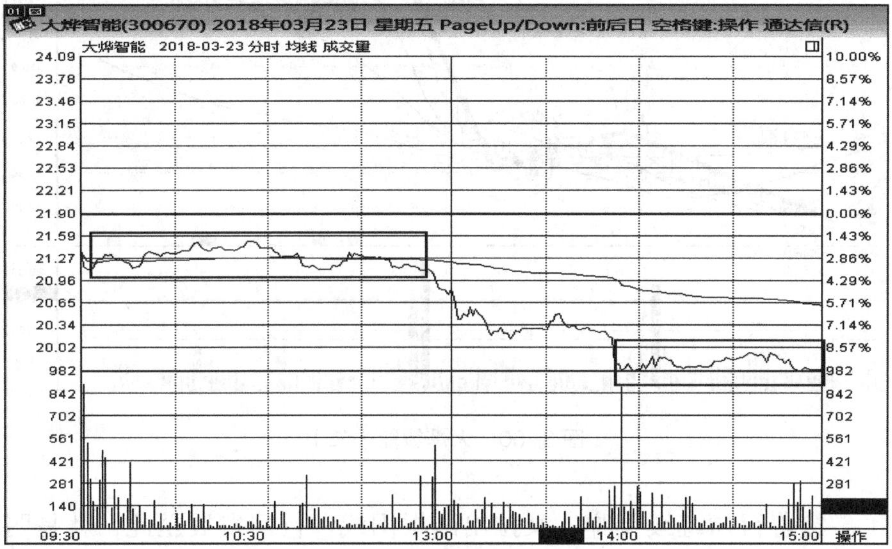

图 3-59　大烨智能（一）

下面再看该股 K 线图，看看这张分时图走势对应的 K 线在什么位置，如图 3-60 所示，分时走势收出的这根 K 线正处于 2 浪回调中。先不看后面的行情走势，因为后市当时处于还没走出来的未知状态，在这里对前后几根 K 线进行分析。

阴线之后收出的阳线虽然没有出现反包，却出现了一根低开 2 个点、收盘涨 3 个点的中阳线，也就是全天涨幅 5 个点的中阳线，这根曙光初现的阳线与前面的阴线正好形成了刺透形态。出现这种形态，后市股价走势有两种可能：第一种是下跌行情就此中止，反转就在眼前；第二种是这只是下跌中继的反弹。从这两根 K 线的组合还不能确定后市行情如何发展。

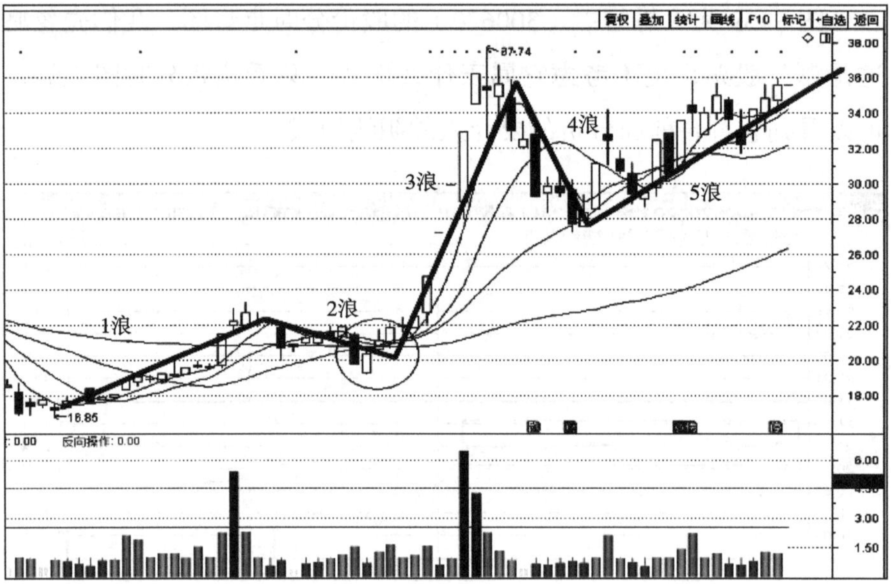

图 3-60　大烨智能（二）

接着行情继续反弹，又拉出两根阳线。行情发展至此，就是明确的好友反攻形态了，好友反攻是明确的看涨起动形态。果然，该股收出过顶阳线后，经过阳阳搓揉线的起爆，后市发动了五个涨停板的快速上涨行情。

图 3-61 为广东骏亚（603386）的股价 K 线走势图。第一个圆圈处，也就是 2 浪回调的末尾，出现了阳包阴形态，即并列阴阳线。

下面先总体看一下行情走势的大框架，此时该股处于上涨格局中，并且底部不断抬高。该股价格突破下降趋势线后，明确地走出了 1 浪上涨和 2 浪回调。2 浪回踩完毕后，出现了阳包阴 K 线组合形态，在这个位置出现这个形态，容易走出大行情。

尤其是 2 浪与 3 浪的接合部，或者 4 浪与 5 浪的接合部，也就是由空转多的位置出现反转信号，如果阳线同时突破了一条重要的均线，预示价格走强的效果更佳。

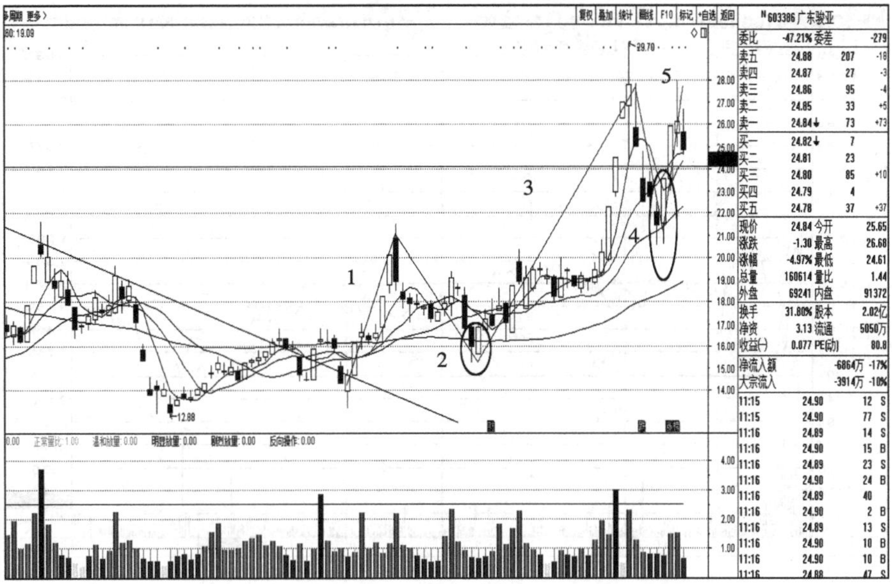

图 3-61　广东骏亚（一）

在空转多位置收出反转 K 线以后，再关注一下前一根阴线对应的分时图，如图 3-62 所示。炒股要想顺风顺水，对买点的分析就是要不厌其烦，镜头越拉越近，一步步从宏观聚焦到微观。

图 3-62 是反包阳线之前的阴线对应的分时图。反过来推理，如果该阴线一直是卖出模式，肯定是不合常理的，主力把底仓都卖了，怎么会有后市的上涨呢？

值得庆幸的是，盘中大部分时间股价呈现高控波的横盘震荡走势，并没有出现一路下降的卖出模式。算上早盘和午盘 2 点后的跳水走势，全天加起来有两波下跌，但是在收盘前最后 45 分钟的交易中出现了尾盘上翘的走势。从量能上看，尾盘是中单在买进，收出了带有 4 个点的下影线。

虽然 K 线图上看到的是当天收出一根大阴线，但是仔细分析，这根阴线是卖—买—卖—买的模式。如果主力真的在出货，没有必

图 3-62 广东骏亚（二）

要尾盘再把股价拉起来，更大的可能是尾盘封死跌停，而这根阴线整体来看反倒像一种震荡走势。

图 3-63 是这根阴线后第二天阳线对应的分时图。图中走势显示当天市场一直处于买入模式，而且买入力道强劲，成交量明显放量。这种不计成本的买入，使该股全天收出一根光头的中大阳线。

这根阳线与前面的阴线组成了吞没形态，并且它恰好出现在 2 浪末端和 3 浪初始位置，是一种突破均线的吞没形态，简称 3 浪初吞没形态。大家记住这一点，这种技术特征是抓大黑马的杀手锏。

都是并列阴阳线，但这一点位出现的吞没形态是抓 3 浪主升浪的绝佳买入点。在这个点位介入，极易赶上一波大行情，短线快速获利。该股走出此形态后，经过一个小的平台整理，平台突破后连续拉出了三个涨停板。

运用这一方法抓涨停板，必须有清晰的 1 浪上涨，以便为 3 浪

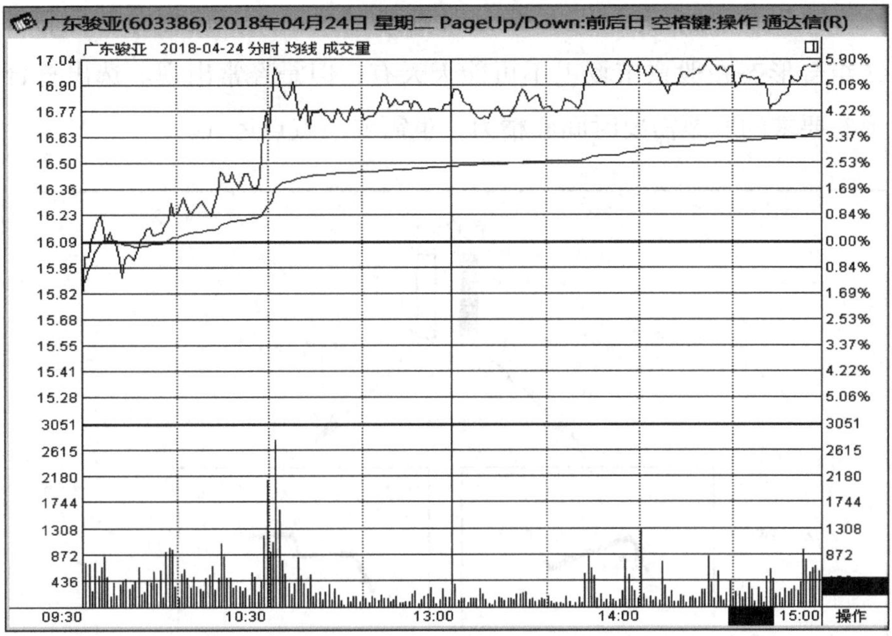

图 3-63 广东骏亚（三）

上涨奠定基础，还有就是反转形态要出现在 2 浪末端和 3 浪初始位置。一个末端，一个初始，新旧更替，弃旧图新，重点不在末端而在初始。在下跌末端要看分时走势是否一直处于卖出模式，在上涨初始位置要看主力是否一直在买入。

股票技术分析中，要用发展的眼光观察和分析走势。在实际操作中，看到阴线跌不动了或猜测阴线是诱空就贸然买入，这种做法是绝对错误的。阴线不是买入依据，阳线反转才是买入依据。阳线是反转确认信号，要买就买阴线之后的阳线。看到阳线，再分析阴线当天分时走势中主力是在买入还是在卖出。

很多人把阳包阴称为吞并反转，但是只有满足阴线的买—卖—买模式，后市才能涨得好。如果不满足这一点，就很难保证后市股价涨得好，投资者一定要认识到这一点。

图 3-64 是吞并反转 K 线分时走势运行模式。这种吞并反转 K 线组合形态在股票市场上不可能天天有，但是经常出现。选出符合形态要求的股票需要时间和精力，也需要一点点运气。

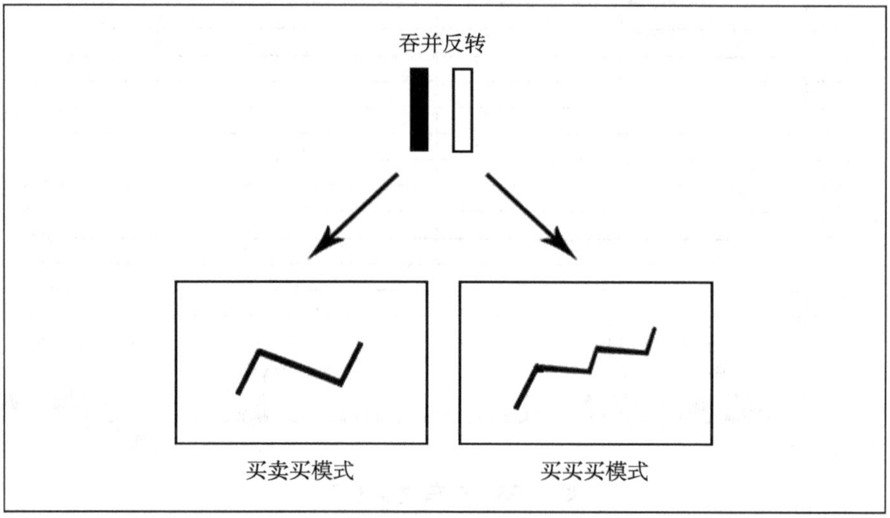

图 3-64 吞并反转 K 线分时走势运行模式

综上所述，炒股不赚钱无非有两点原因，一是介入点不对，二是所选股票不对。出现这两种错误只能说明一个问题，那就是不懂技术分析。买股虽不像科研那么复杂，但是买入前的量化分析必不可少。就这么两三分钟的盘前分析，买入之前，大家真的老老实实去做了吗？

第四章 分时盘口精解

第一节　分时盘口的重要性

分时盘口是股票走势的终端信息，是股价波动的直接体现。分时走势决定 K 线，K 线决定形态，形态决定趋势。但大多数投资者却很少研究分时盘口，甚至很少去看。分时盘口很重要，尤其是在涨停起爆点或是精准买入这个环节，如果不研究分时盘口，很容易买高或者追高。

对分时盘口进行深入透彻的分析，有助于在乱象中梳理出清晰的走势逻辑。只要按照这个走势逻辑执行交易，成功率就会比盲目操作高数倍。

图 4–1 为浙江医药（600216）的股价 K 线走势图。该股 2017 年 12 月 29 日收出了一根大阳线，它的分时走势图走出的这种波形叫作“大斜刺”，即阶梯式的碎步爬升，收盘形成了一根大阳线。

所有大阳线都会走出这种分时走势吗？不一定。这种分时走势形态是一种买入模式，关键位置的关键 K 线出现这种分时走势，代表主力坚定的买入意志。主力扫货式的买入，决定后市具有持续上涨的力道。

如图 4–2 所示，2018 年 1 月 9 日，浙江医药同样收出了一根大阳线。在普通投资者看来，当天的股价也是上涨的，也收出大阳线，可是为什么买入后股价就不涨了呢？因为它的分时走势表达的含义不是进攻，而是主力出逃。

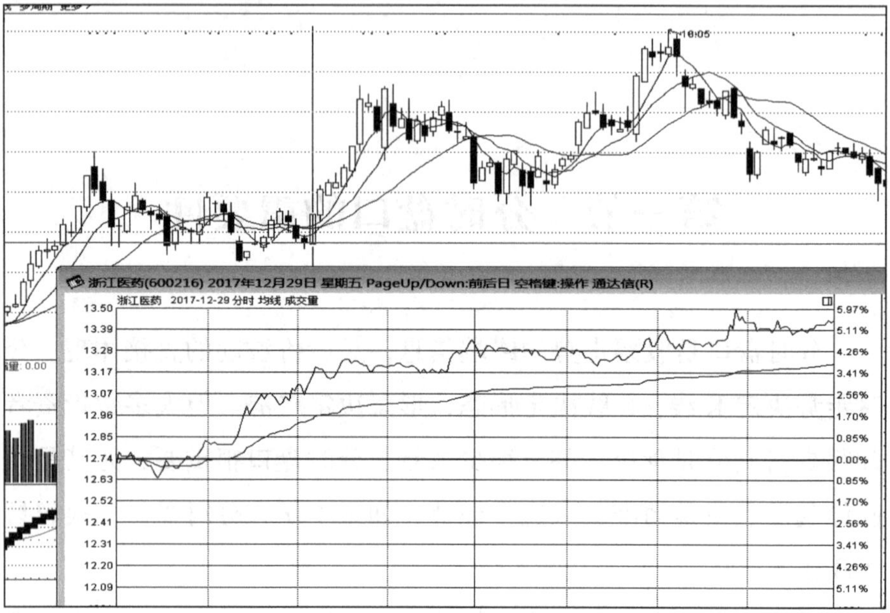

图 4-1 浙江医药（一）

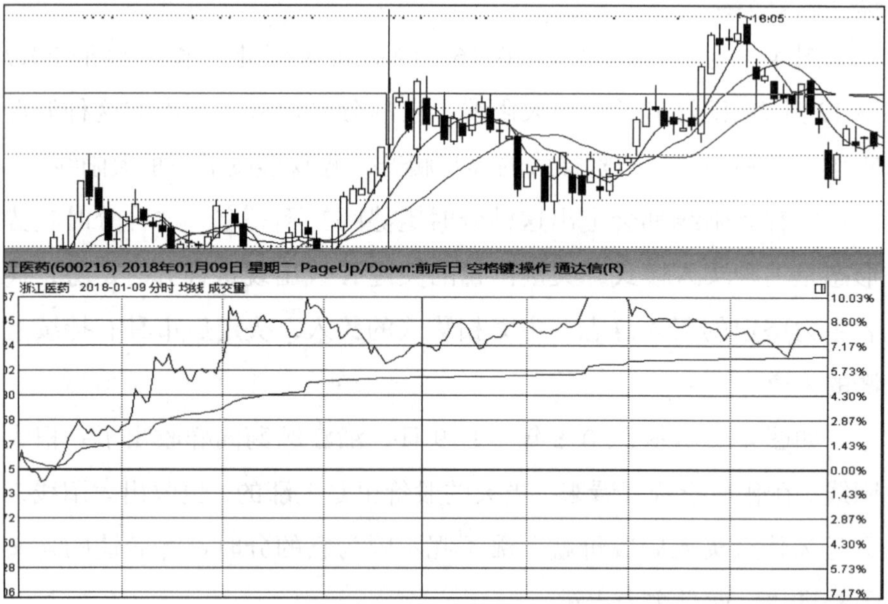

图 4-2 浙江医药（二）

把 1 月 9 日浙江医药的分时图标画一下，形势就明晰了。如图 4–3 所示，当日分时走势前边是买入，然后是卖出，接着股价冲击到涨停板。到了尾盘，分时走势有一个明显的回落过程，回落就表示主力一直在暗中卖出。

这一分时模式是买—卖—买—卖，和图 4–1 买入阳线的分时走势模式截然不同。前面案例中阳线后股价上涨，该案例中阳线后股价下跌，这就说明分时走势能够看出主力的操盘意图，然后可以确定当日是买入的多还是卖出的多，从而跟随主力的步伐，做出买入或卖出的正确判断。

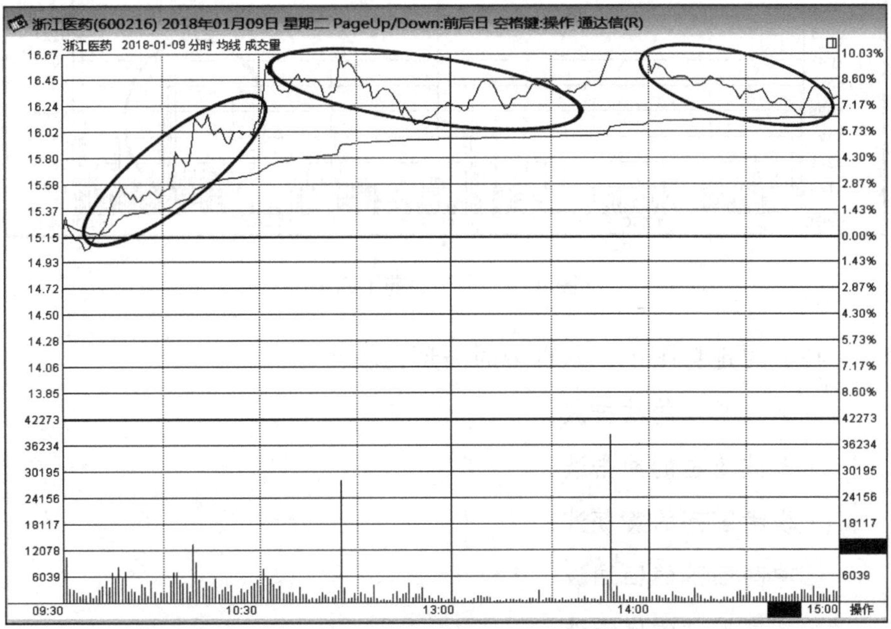

图 4–3 浙江医药（三）

K 线走势形态是主力操作一轮行情的表情，分时走势就是庄家操盘中的窃窃私语。读懂了 K 线语言和分时盘口语言，就能做到知己知彼，百战不殆！

分时盘口有三个要素：白色分时线（也称即时线）、黄色均价线，以及下方对应的成交量，如图 4-4 所示。

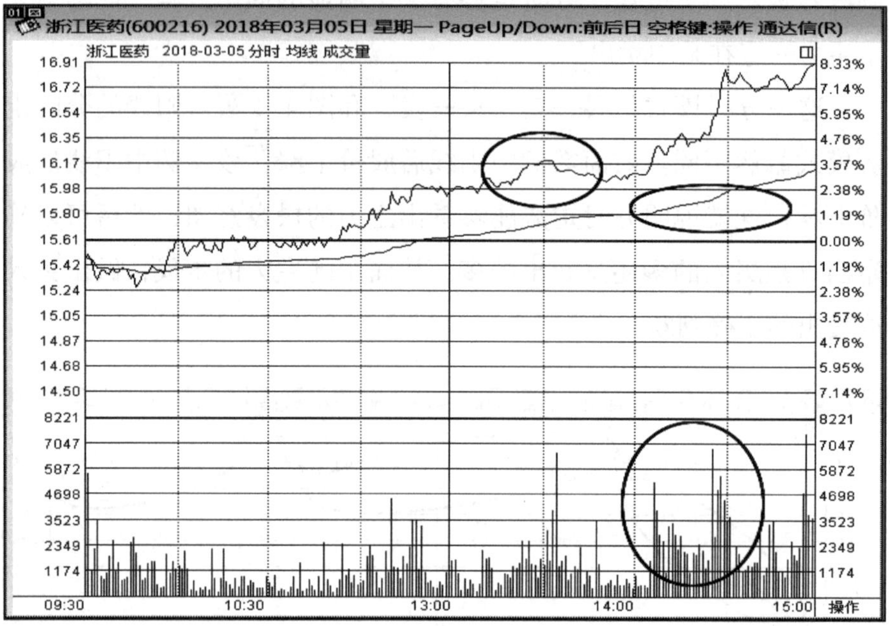

图 4-4 浙江医药（四）

在分时走势图中，六种分时波形比较常见：

· 连续长攻的攻击波；

· 多波攻击的冲击波；

· 横盘震荡的震荡波；

· 冲高回落的回调波；

· 高度控盘的麻绳波；

· 连续下跌的下跌波。

以上六种波形表达了主力的买卖意图，如果能够准确理解波形和成交量之间的关系，盘面分析中就能吃透主力是在买入还是在卖出。

图 4-5 为盈方微（000670）的股价 K 线走势图。在该股的这一

段走势中，笔者曾有两次成功的操作，是怎么做到的呢？

首先从K线位置上看，两次介入都是股价明确突破了下降趋势线。从K线形态上看，出现了非常明显的看多信号，并且第二个底部抬高，总体上股价呈现上涨趋势。

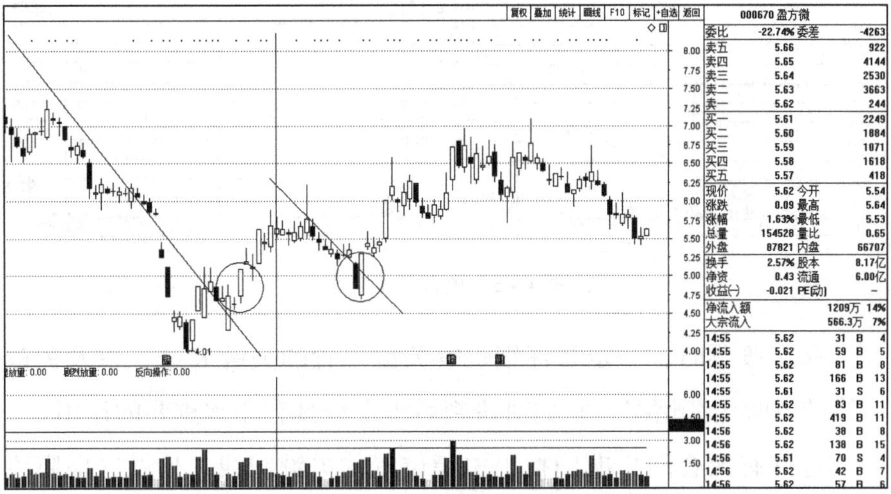

图 4-5　盈方微（一）

下面来分析两个关键位置的关键K线的分时走势，如图4-6所示。

两个分时走势图最终都以涨停收盘。

左边的分时图中，早盘出现了麻绳波，10点30分出现了一波拉升，然后股价阶梯式震荡向上，尾盘量价齐升拉涨停。

再看右边的分时图，首先看到的是一波强有力的冲击波，然后在均价线之上做长时间的横盘整理，尾盘两波式攻击封住涨停。

在这两个分时图中，看不到主力有卖出的意图，所以这两根涨停K线之后，都出现股价拉升走势。

本节主要讲解分时盘口的重要性，分时盘口具体的内在含义以及量价关系分析下文再详细讲解。

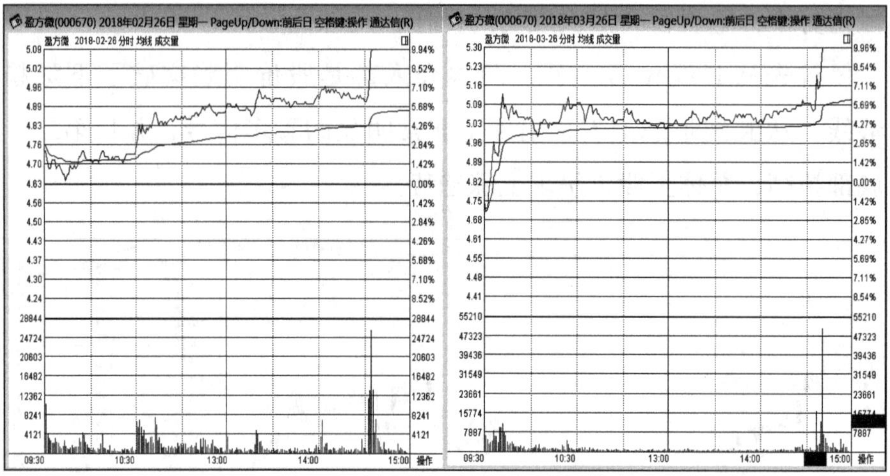

图 4-6 盈方微（二）

操作股票时，一定要仔细观察关键位置的关键 K 线，以及关键 K 线的分时走势情况，它们对研判后市走势具有非常重要的作用。

也许有人会问，准确找出关键位置的关键阳线，只做这根阳线不就行了吗，为什么还要研究关键 K 线的分时走势？因为有时候投资者的思绪混乱不清，记忆只有三秒，临盘容易激动，冲动之下很容易做出错误操作。市场上不同位置收出的阳线，它的市场意义可能不同。也就是说，并不是所有中大阳线都是看涨的，看涨的只是关键位置的关键阳线。

图 4-7 为盈方微的股价分时走势图。2018 年 2 月 9 日和 2 月 22 日，该股都收出了一根低开高走的大阳线。两根大阳线当天的分时走势类似，都是早盘低开，开盘后迅速拉高，出现冲击波后回踩，在阳线 1/2 以上的位置做巩固整理。但两根大阳线所处的位置不一样，所以它们的市场含义也不一样。

图 4-8 是盈方微的股价 K 线走势图，图中标出了图 4-7 两张分时图对应的 K 线。表面上看，这两根大阳线都是光脚阳线，但是前

一个不重要，后一个重要。前面的大阳线只是一根普通 K 线，该位置也不是要寻找的进场点，收出大阳线之后，股价就进入了盘整。后面的阳线是一根突破性 K 线，股价有效突破后，就进入了一波上涨行情。

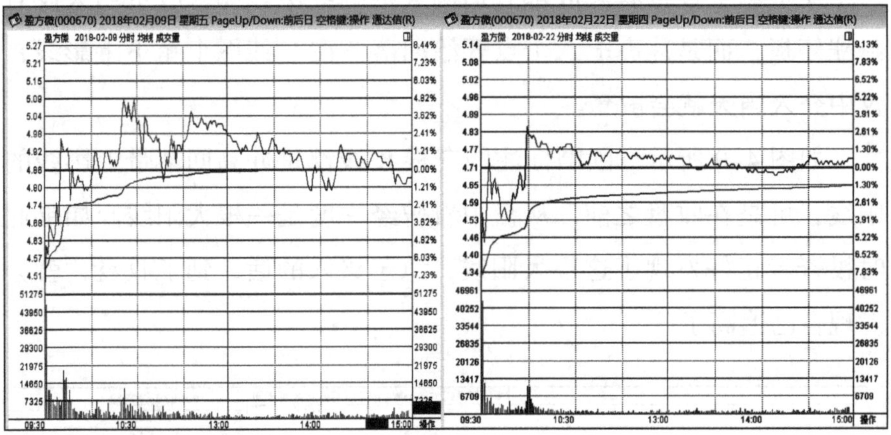

图 4-7　盈方微（三）

图 4-8　盈方微（四）

也就是说，第一根大阳线不关键，第二根大阳线才是关键。在K线走势图中，其他点位出现的K线不重要，只有关键点位出现的关键K线才具有重要的分析价值。

下面再来讨论本节重点讲解的第二个内容——追高。

几乎每个投资者买股都有追高失败的经历。如果股价当天没有封涨停板，而是冲高七八个点开始回落，在K线图上留下上影线，盘中介入当天就会被套。

如图4–9所示，圆圈标注的三根K线都是冲高回落带上影线的阳线，可是在收盘之前，从盘中看曾经一度是一根大阳线。如果此时投资者正好发现了这根大阳线，急于买入的话，到了收盘，就会发现自己追高了。

图4–9 盈方微（五）

有没有办法回避这种情况呢？有！例如在买入之前，先观察一下这根K线的分时走势。

如图 4-10 所示，2018 年 3 月 13 日，该股下午 2 点前的走势都表现为震荡略有盘升的状态，午盘开盘后突然放出大量，出现了攻击波。随后股价冲高回落，而且跌破攻击线 1/2 的位置，当天收出了带长上影线的一根钓鱼线。同样，2018 年 4 月 2 日的分势走势中，一波攻击波之后，分时走势也出现了主力出逃的下跌波。

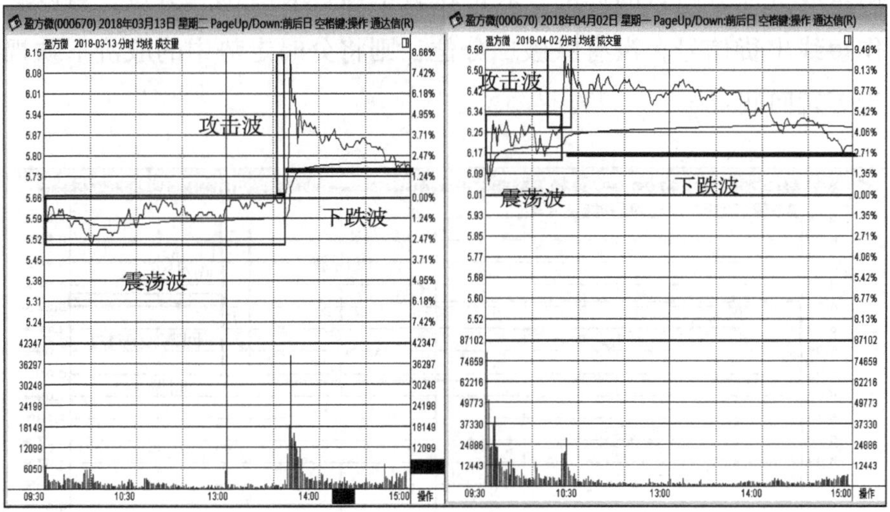

图 4-10 盈方微（六）

攻击波后出现下跌波，并且下跌波一直持续到收盘，所以从 K 线图上观察，后市出现了持续下跌的走势。投资者看懂这些波形后，就能有效回避下跌，从而避免遭受亏损。

见到这种钓鱼线的波形，就算盘中冲到涨停，大家也不要激动，因为买入之后很可能把大家挂在树梢上。

另外，这两根 K 线所处的位置，属于前文所讲的否定打板的位置。浪峰上不打板，大家一定要遵守这一技术要点。

接下来的问题是，为什么第三根带长上影线的阳线之后股价没有下跌，反而迎来了一个涨停板呢？下面从该长上影线阳线的基因方面分析。

如图 4-11 所示，2018 年 4 月 17 日，第三根带长上影线的阳线对应的分时走势中，早盘有一个震荡波。午盘中股价也出现了一个攻击波，可是股价回落正好回到了该 K 线 1/2 的位置，并没有破位向下，后市尾盘股价又拉了上去。实战中，大家可以以二分位作为衡量股价强势与否的标准，股价跌破了当日 K 线的二分位，可以看作短线出货信号，没有跌破二分位，则将分时走势中的股价下跌视为短暂回调。

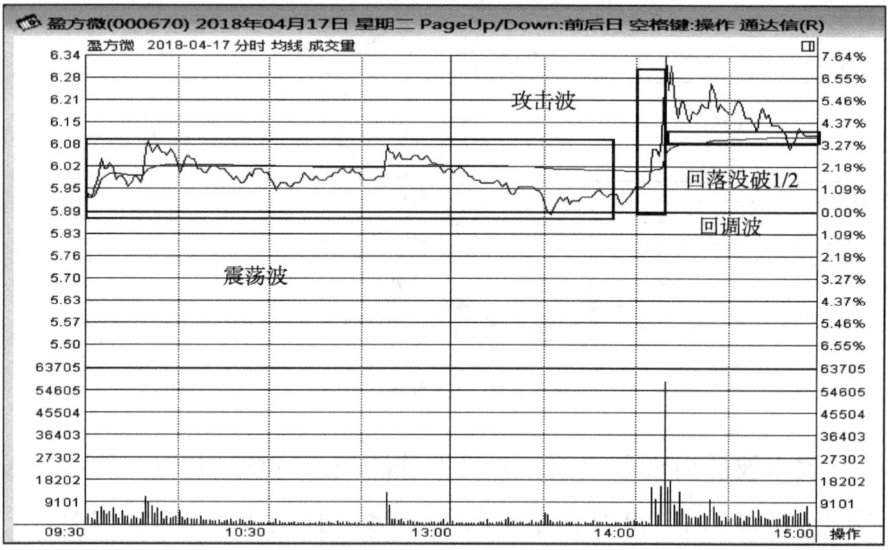

图 4-11 盈方微（七）

同样的 K 线形态，分时走势形态差了那么一点点，后市走势就出现了天差地别，由此可以说明分时盘口分析的重要性。

第二节 分时即时线与均价线

打开分时图能看到两条线，其中白色的线为即时线，也称分时线；黄色的线为均价线，也称平均线。

分时线时刻在波动，它的波动单位为秒。均价线可视为MA60平均线，也就是60秒变动一次，均价线的单位是分钟。

分时线在均价线之上运行为多头走势，分时线在均价线以下运行为空头走势。分时线上穿均价线为金叉，分时线跌破均价线为死叉，如图4–12所示。

图4–12 分时走势中的多空趋势

只看单日分时图，以金叉死叉作为投资依据，这种操作方法是不可取的。因为在一天的交易时间里，分时线与均价线会频繁出现金叉死叉，无效信号太多，真假难辨。买卖要结合日K线信号，分时线最大的作用是辅助判断日线周期的买卖点。也就是说，分时图分析只是日常操盘的辅助分析内容，不能脱离日线分析作为单独的买卖依据。

除了单日分时外，看盘时还可以参考多日分时走势，例如三日或五日分时走势。

多日分时走势中的金叉与死叉，或者多头与空头，能作为买入与卖出的依据吗？不能。多日分时的买点建立在趋势量化交易系统和肯定打板的基础上，出现买点时，要有对下降趋势的突破或箱体突破。交易只有建立在合乎趋势的前提下，操作起来才能得心应手。

面对纷繁复杂的分时图波动，简单地采用趋势线方法和箱体突破方法进行分析，就可以找到突破进场点，使交易清晰明了。用其寻找最佳进场点，可以说是绝好的方法。

股票技术分析要把走势细化，透彻地分析，就会发现在哪些位置交易是对的、在哪些位置交易是错的。

如图4–13所示，处于下降趋势线下的金叉信号都是无效信号，只有在明确的上涨趋势中，金叉才是有效的信号。

在突破点位进场，失误率低，持有时间短，而且能够避免连续下跌。股价突破了下降趋势线或是突破箱体上轨，分时图上恰巧又出现了金叉，出现多点共振，这时买入会大大提高交易的成功率。

这里并不是说出现了技术上的买点时买入，后市都会连续上涨，实战中也有失败的可能。因为除了技术面，还有很多不确定的因素，比如大盘因素特别是国内国际政治局势、经济金融政策和行业政策变化，以及上市公司黑天鹅、灰犀牛信息，都会影响短期的价格

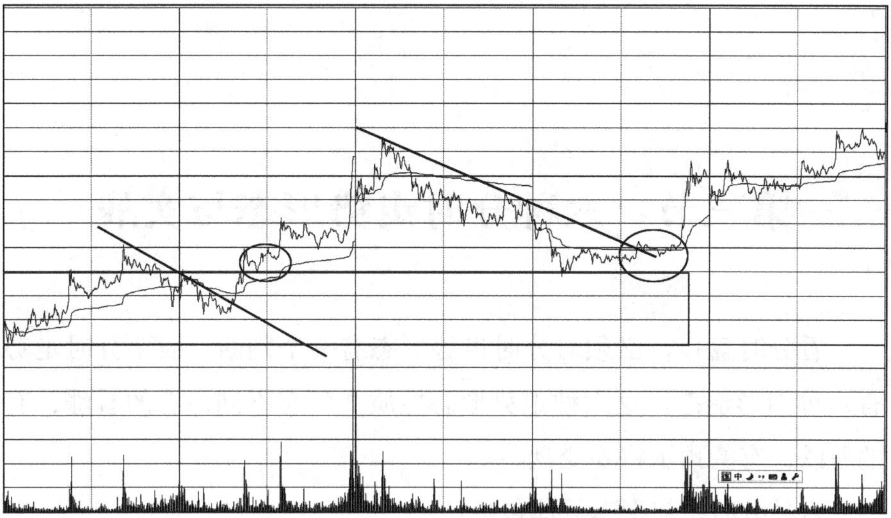

图 4-13　分时图中的金叉与死叉信号

走势。

单日分时看盘重点不在于分析分时线与均价线的金叉死叉，重点在于分析整体走势结构，对股价走势的宏观方向做出判断。

分时看盘有以下三个方面的重点内容：

· 股价是否突破下降趋势线或箱体平台；

· 分时走势底部是否逐渐抬高；

· 分时线是否处于均价线以上，股价是否处于多头走势。

第三节　六种分时走势形态与实战

看分时盘口，必须对分时走势形态有一个判断。股票分时走势有六种图形形态。这六种走势形态性质上各有不同，有的看涨，有的看跌，有的预示将要变盘。

六种分时走势形态具体包括：

· 攻击波；

· 冲击波；

· 回调波；

· 下跌波；

· 震荡波；

· 高控波。

以上六种波形是看盘时必须注意的分时走势图形。

攻击波和冲击波看似差不多，但还是有区别的。攻击波涨幅大，冲击波涨幅小。

回调波是在黄金分割线 50% 以上点位受到支撑的波形结构。如果价格上涨以后，回调跌破了前一波涨幅的二分位，可称为下跌波。有些股票图书介绍过这些波形，但没有具体区分回调波和下跌波，使大家在实战中产生了一些操作失误，下文将详细讲解。

震荡波是一种震荡走势，可以细分为三种类型，一是震荡向上，二是震荡向下，三是横向整理。

高控波是一种特殊的分时走势。股价在一个极小的范围内震荡，是一种主力高度控盘的特征走势，此波形也被称为麻绳波或长城波。

下面逐一详解六种波形。

攻击波是一种分时走势强势向上攻击的波形，要求短时间内出现 3 个点以上的涨幅。

图 4-14 为迦南科技（300412）的分时走势图。2018 年 5 月 25 日，该股出现涨停阳线的走势。当日股价先是小幅上涨，之后做横盘震荡。10 点过后，股价拉出了超过 5 个点的攻击波，然后出现了中等幅度的回调整理。下午开盘不久，主力又发起一波强势攻击，直线拉升一口气封上涨停板。

攻击波的攻击力度比较大，涨幅也比较大，一波无差别定向火力攻击，就能拿下 3 ~ 6 个点的涨幅。尤其是连续出现的攻击波，也就是连续上涨 3 个点以上的分时走势，当日很容易出现涨停。攻击波的力道比较大，是抓涨停板经常遇到的分时波形结构。

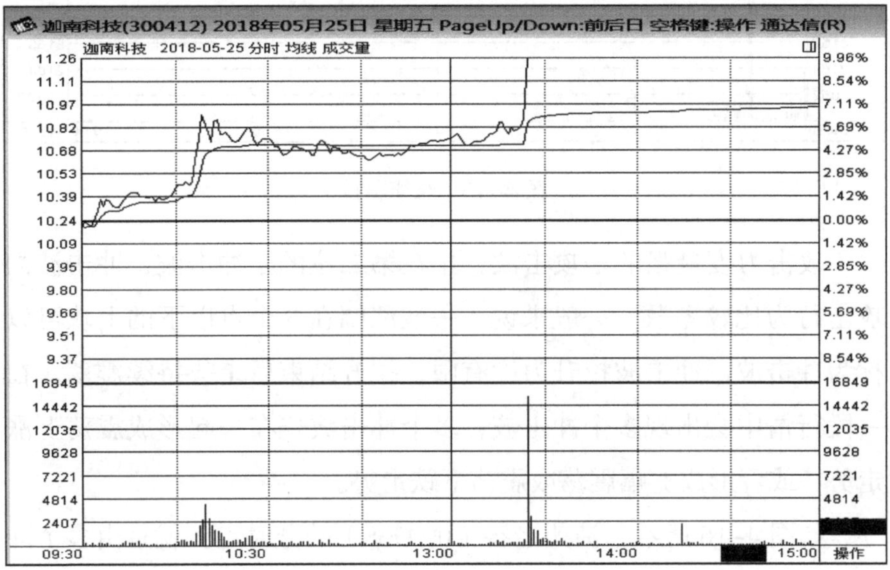

图 4-14　迦南科技

图 4-15 为长缆科技（002879）的分时走势图。2018 年 6 月 5 日，早盘高开后，分时线在昨日收盘价之上做平台整理。之后不久，突然发动向上攻击行情，股价以超过 8 个点的攻击长波，一波式拉到了涨停板，攻击波的威力可见一斑。

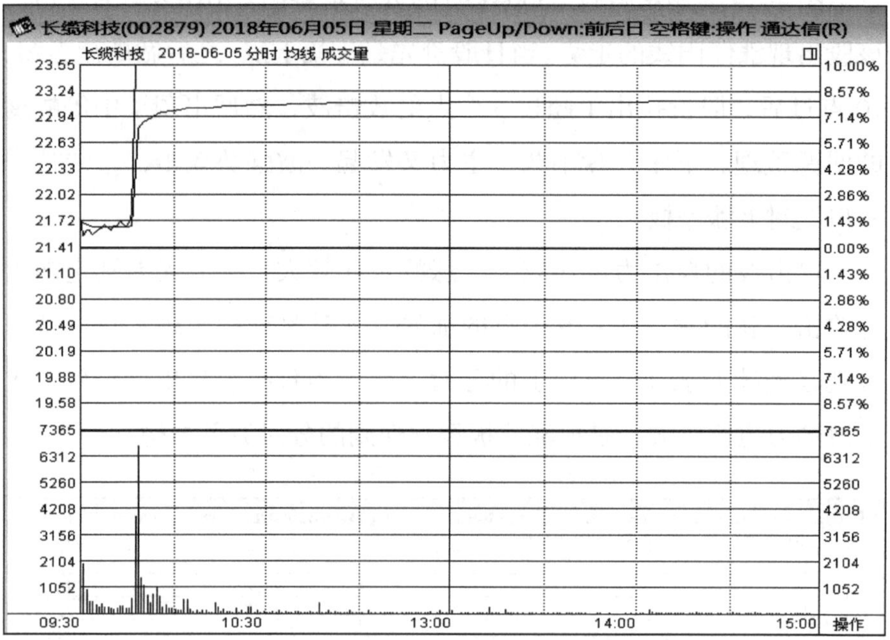

图 4-15 长缆科技

攻击力度最强的是攻击波，排在第二位的是冲击波，冲击波的攻击行为比较零散。一般来说，一波涨幅在 3 个点以下的上攻可以称为冲击波。冲击波拉升力度有限，拉升结束后走势持续震荡。在一段行情中会出现多个冲击波，多个冲击波连在一起形成震荡上涨走势，或者形成宽幅震荡或震荡下跌走势。

如图 4-16 所示，泸州老窖（000568）的分时走势就是由多个冲击波组成的宽幅震荡走势。

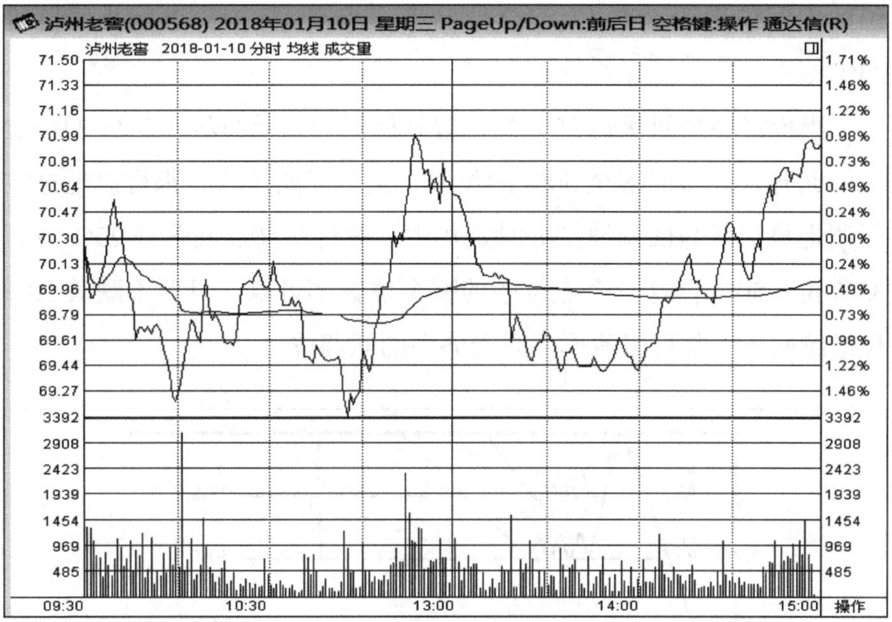

图 4-16　泸州老窖

回调波是分时走势中很关键的波形结构，准确识别回调波，也是确认分时买点时敢于出手、敢于亮剑的重要依据。

攻击波和冲击波这两种波形，股价在盘中涨跌、跌涨的波动比较频繁，回调波则是一波式行情。准确识别回调波，就知道做哪根 K 线或者哪个买点，以及股价走势是否具备获利潜力。

前文讲到，回调波就是上涨过程中出现的回调。对于刚开始起动的上涨，不管分时走势中股价上涨了几个点，也就是说，拉升的幅度可以是任何涨幅，也不要管分时走势是几个波形涨上来的，在确认回调波时，大家只需要关注股价从最低点涨到最高点之后回落的幅度多少。

如图 4-17 所示，如果将图中这一波从低点到高点的涨幅定位为百分之百，总体涨幅 1/2 位称为黄金分割线的 50% 位。最高点与 1/2

位的中间位置为25%位，1/2位向下一点是1/3位，也就是回落了33%。

当价格冲高回落到25%的位置开始回升，或回落到33%的位置开始回升，最多回落至50%的位置，然后开始拉升，都可以把这波回调走势定义为回调波。分时走势中，股价从高点回落到25%位、33%位、50%位这三个点位中的哪个位置都可以，只要不跌破50%位继续向下，都可以看作分时走势中的回调波。

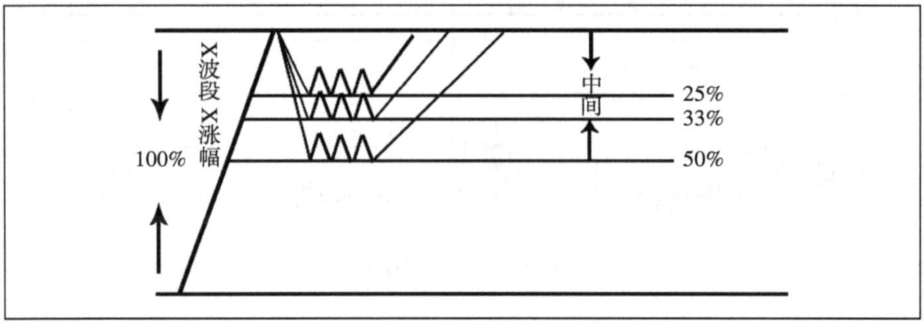

图4-17 分时走势回调波示意图

研判尾盘的行情走势，对操盘来说更重要。

图4-18为东杰智能（300486）的股价分时走势图。2018年5月28日，股价经历震荡运行，午后出现了一波强势拉升。忽略前面的盘整行情，以股价急速拉升时的点位和这波拉升创出的高点为依据，作为这一波上涨的空间。股价冲高回落，只要尾盘能够在50%位站稳，并且收盘前又出现了拉升走势，那么股价拉升创出高点后的回调走势就叫回调波。

股价从高点回调至50%位以上的任何位置都可以，只要在尾盘收盘以前能够维持在这波上涨行情的50%位以上，回调走势都可以视为回调波。

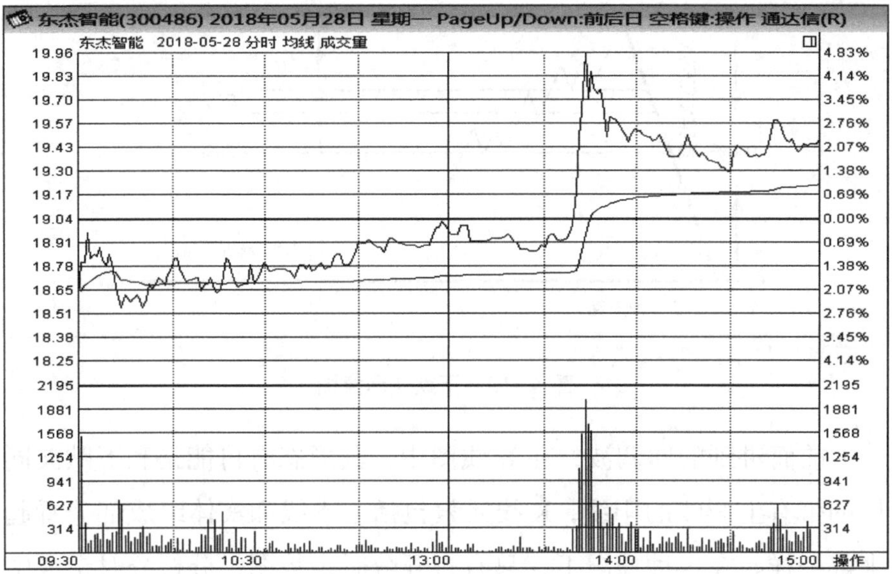

图 4–18 东杰智能

回调波有什么市场含义呢？从字面意思就可以大致知道回调波的市场含义，回调即冲高回落。冲高后调整一下，意为上涨中途的短暂休息。

下面再讲下跌波，如图 4–19 所示。下跌波和回调波看似相差不大，实际上二者却有天壤之别。

相似之处是前期都有一波向上的强势拉升，价格冲高遇阻后震荡回落。区别在于，下跌波会跌破 50% 位，并且跌破之后没有企稳上涨的苗头。不管股价冲高后跌了多少，哪怕跌到阳线的起动点甚至更低，只要跌破 50% 位，分时走势都可以理解为下跌波。

分时走势中的下跌波是明显的趋势性下跌。仅看 K 线图时，不容易发现这种情况。比如一根大阳线当日分时走势中的下跌波，从 K 线图表面上看，顶多看到一根上影线，从中看不出更多的市场含义。只有双击 K 线打开分时走势图，才能看清这根 K 线的分时走势。

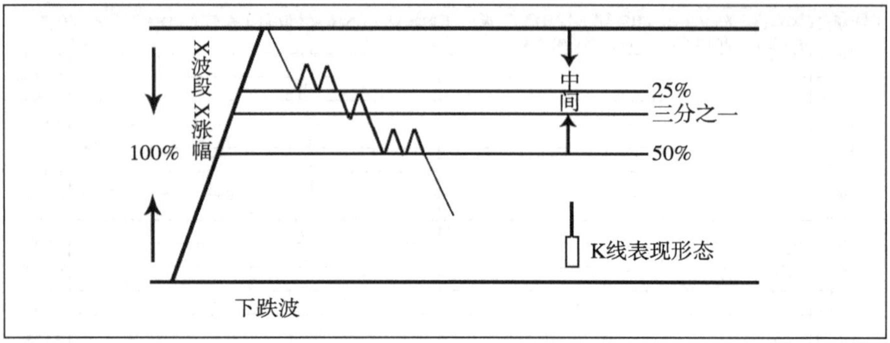

图 4-19　下跌波示意图

前面讲到的回调波，在 K 线图中，其形态有可能是和下跌波同样的带有上影线的阳线，K 线元素包括上影线和实体组成部分看起来都一样。在这种情况下，只有打开分时走势图，分析分时走势中的下跌波和回调波，才能认清 K 线的性质和市场含义。如果分时走势形成了下跌波，预示着这只股票后市极有可能下跌。如果分时走势中出现的是回调波，那么后市股价不一定持续下跌，第二天很可能低开高走甚至是高开高走。

同样一根 K 线，因为其分时走势内在波形不同，未来的股价走势也不相同，这是回调波和下跌波很重要的区别之一。临盘实战中，如果分时走势遇到的是回调波，可以大胆买入，已有的仓位可以继续持有；如果分时走势走出下跌波，要及时卖出，规避持续下跌引发的风险。

再看震荡波，如图 4-20 所示。震荡波分为三种波形：一是向上震荡，二是横向震荡，三是向下震荡。

震荡波在股价分时走势中由多个冲击波组成，即冲高回落、再冲高再回落。震荡波有三种倾向，即向上倾向、向下倾向和横向倾向。向上的震荡波偏强，向下的震荡波偏弱，横向震荡表明多空力量暂时处于平衡状态，其具体的市场含义要看 K 线所处的位置进行研判。

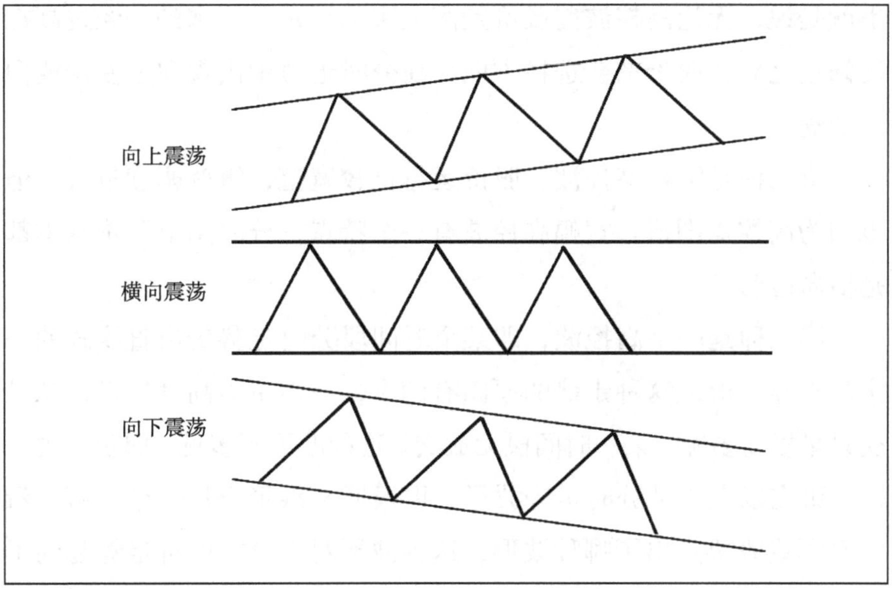

图 4-20　震荡波示意图

高控波就是主力高度控盘的波形结构。高控波分三种波形，如图 4-21 所示。

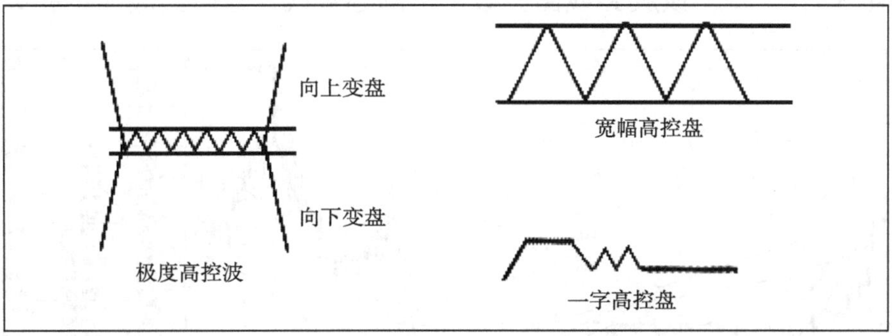

图 4-21　高控波示意图

第一种是极度高控波，也就是股价在一两分钱之间的空间波动并保持某一时间段，这种走势维持的时间可长可短，也许是 20 分钟，也许是一个多小时。形成高控波后，股价可能会上涨，也可能会下跌。

也就是说，无论高控波前股价是涨上来的还是跌下来的，经过高控波修正之后，股价都会选择方向，在分时走势中出现向上变盘或向下变盘。

第二种是宽幅高控波，股价运行比较宽范，震荡幅度较大，但也归为高控盘图形。宽幅高控波有一个特点，分时图上股价基本都是横向运动。

第三种是一字高控波，即某个时间段分时走势走出直线式的一字高控盘。形成这种走势的原因有两个，一是主力高度控盘，二是交易量极度萎靡，某一时间段无成交。这种波形不多见，偶尔出现。

讲完以上六种分时走势波形，再根据 K 线形态做一个分解，看一看哪些股票走出了哪种波形，这种波形对于分析股价走势起到了什么作用。

图 4-22 为惠威科技（002888）的股价 K 线走势图。下面逐一梳理分析该股的几个分时走势形态，找到股价上涨或下跌的动因。

买股首要遵守的就是形态突破，未突破之前不能盲目介入。2018 年 3 月 27 日，该股 K 线图突破了下降趋势线，这时到底能不能买

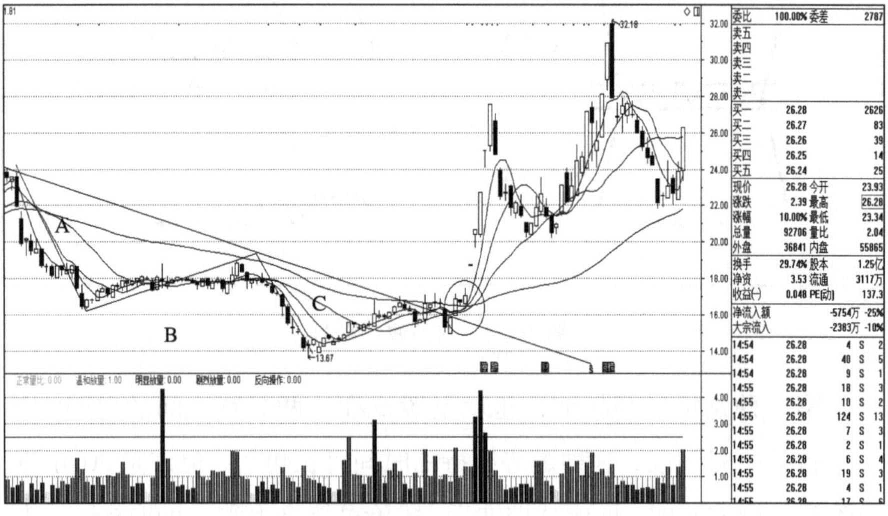

图 4-22　惠威科技（一）

入呢？

图 4-23 为惠威科技 2018 年 3 月 27 日 K 线对应的分时图。打开分时走势图，首先可以直观地认为这是一个震荡上涨的波形。早盘拉升的第一波是攻击波，大约从 1 个点涨到了 4.5 个点，中盘往上冲击了 1.5 个点，下午 2 点从 5 个点上涨到 8 个点，多个向上的攻击波与冲击波构成了一个整体向上的震荡波形。

上升的震荡波形自然是看涨的，所以自然而然地认为该股后市将上涨。不看大盘因素，不看板块因素，只看分时走势，可以得出这样的结论。

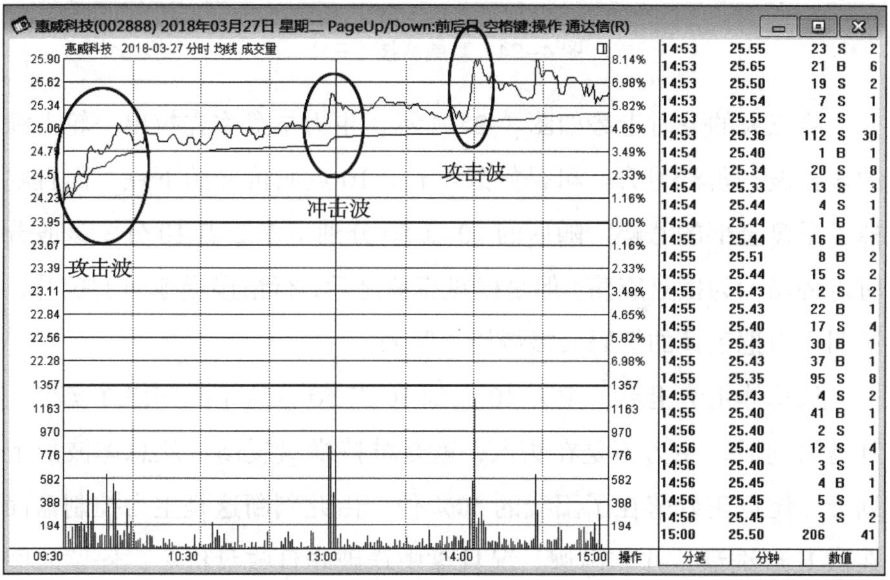

图 4-23 惠威科技（二）

如图 4-24 所示，紧接着，第二天该股收出了一根阴线。虽然当天收出的是阴线，但是从一天 4 个小时的波形结构上看，这是宽幅高控波，说明庄家已经对该股高度控盘。由此得出的另一个信息是主力没有出货。

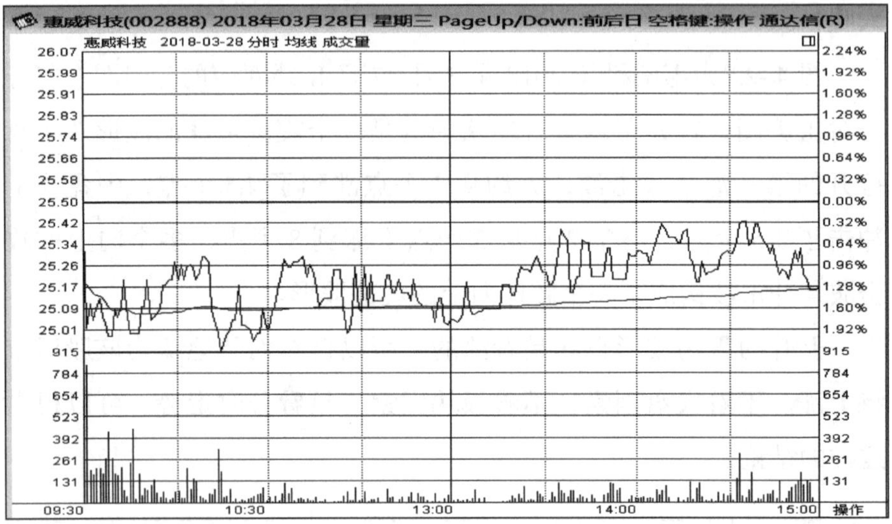

图 4–24 惠威科技（三）

第三天的分时走势如图 4–25 所示，主力早盘率先拉出一轮上涨的攻击波，价涨量升。可是好景不长，10 点股价开始下跌，而且吃掉了早盘全部的涨幅。随后的 10 点 50 分到下午 2 点 10 分，该股分时走势显示为横盘震荡。但是横盘震荡之后，行情慢慢地向上拉升，证明主力把丢掉的筹码又慢慢捡了回来。

从总体走势上看，主力 10 点到 10 点 50 分这个时间段在卖出，其他时间段，主力不是在买入，就是维持横盘震荡。从总体波形上划分，尾盘正好落在了阳线的 50% 位，由此判断这是主力控制盘面在做 U 形洗盘，并非出逃。况且盘中跌破昨日收盘价后，停留时间短暂，这说明主力不想让市场捡到更多廉价筹码。

纵观这三天行情形成的 K 线组合形态，是一个两阳夹一阴的多方炮，而且股价有效站稳了 60 日均线，这就有了明确的看多理由。

出乎意料的是，第四个交易日，惠威科技 9 点 25 分集合竞价结束时直接高开 9.66%，离涨停价只差几分钱，首笔成交 5 000 多手，

图 4–25　惠威科技（四）

巨量高开明显是主力行为。在 9 点 30 分开盘后，主力直接以涨停价格打出 8 000 手的大买单，然后以迅雷不及掩耳之势以 50 000 手的买单封住涨停。随后行情全面爆发，股价在之后的几个交易日一鼓作气，接连拉出了五个涨停板。

股票市场有一个约定俗成的规则——趋三避五，也就是连续拉出三个涨停或五个涨停之后，股价就会遭遇天花板，容易遇阻回落。天下没有不散的筵席，再好的行情也有结束的时候，五个涨停之后，K 线在高位收了一根断头铡刀，上涨行情戛然而止。如果大家能读懂并积极参与这波行情，就能赚得盆满钵满。

第四节　分时量价分析的重要性

分时走势是价，成交量是量，价格与成交量之间的关系被称为量价关系。量价不分家，做股票不看量都是瞎胡闹。本节内容主要讲解量价关系分析，该内容对投资者研判后市股价走势及操作至关重要。

量价关系大体由以下五种重要的量价表现组成：

· 量增价涨，后市看涨；

· 量增价跌，后市看跌；

· 量增价平，将要变盘；

· 量减价跌，缩量下跌；

· 量减价升，缩量上升，谨慎看涨。

量增价涨，即成交量放大，股价上涨，后市看涨。分时图上的成交量与单根 K 线的成交量表现形式不同，不论是日 K 线图，还是 30 分钟或 60 分钟 K 线图，都是以量柱的形式出现的，而分时图中的成交量是以堆量或量峰的形式出现的，但两者性质相同，判断方法也一样，唯一不同的是观察方法。

量增价跌是放量下跌，成交量放大，股价下跌，预示后市还将下跌。

量增价平是成交量放大，但价格没有变化，在某个位置保持相对平衡的价格，这是将要变盘的信号，在盯盘过程中经常会遇到。

量减价跌即缩量下跌，后市看空。成交量一直萎缩，股价不断下跌，这里面还有一个含义，就是股价回调走势。股价是下跌还是回调，在分时图上要根据黄金分割线判断。不破二分位看作回调，破位看作下跌。

量增价跌，成交量放大，但价格下跌，即放量下跌，后市看跌。

量增价平是一种变盘信号，到底是向上变盘还是向下变盘，下面以具体例子来说明。

在此要说关键位置的关键K线的关键分时走势，这里有三个“关键”，只有抓住它们，技术分析才更有意义。在个股日常走势中，每天都会收出一根K线。如果逐一分析每根K线，意义不大，针对性也不强，更做不到。只有处于转折点、多空拐点的K线才有分析意义，投资者只须着重分析买卖点位置的K线即可，处于中枢区间的K线没有必要分析。

图4-26为亚翔集成（603929）的股价K线走势图。经过连续上涨，股价走到了A区域，看见这么一根K线，投资者到底是买还是卖呢，肯定大家多少有些纠结。这时就需要打开这根K线对应的分时图，看看分时走势的形态结构。

图4-26　亚翔集成（一）

如图 4–27 所示，早盘开盘后，该股由几个冲击波将股价逐步推高。午后开盘股价快速打到了涨停板，但在尾盘打开涨停，股价开始下跌。

从攻击波的起始点开始看，收盘下跌，股价跌破了均价线，破了 50% 位，因此应该把它看作下跌而不是回调，后市谨慎看空。

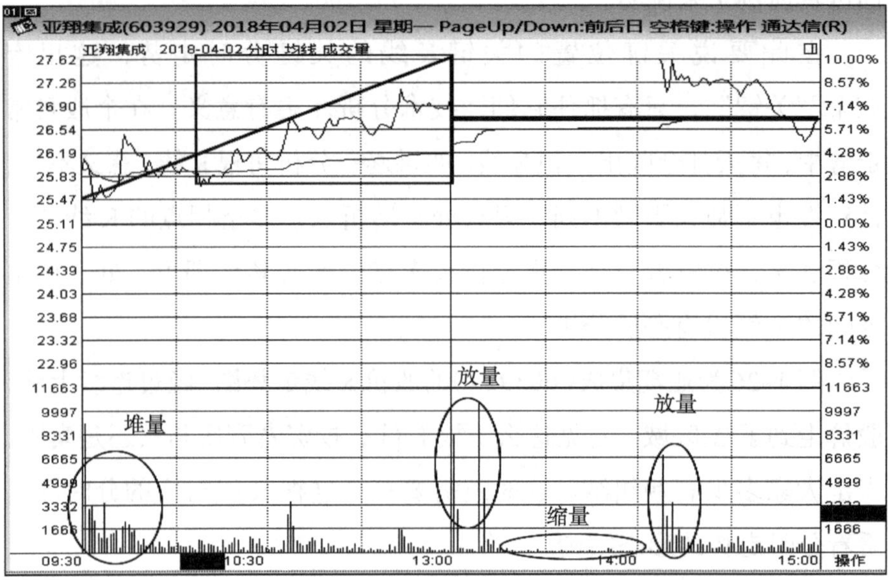

图 4–27 亚翔集成（二）

再看看分时走势量能。看量能，大家首先要找到起涨点和起跌点，只有找到这些点，才能发现上涨的动因和下跌的动因。

如图 4–28 所示，该股早盘开盘后高开低走，而且放量下跌，说明早盘有资金出逃。虽然午盘该股涨停，但随后出现了单笔巨大量峰的出逃，每笔成交都达万手以上，而且不止一单。一单砸出上万手，绝非散户所为，一定是主力有预谋的砸盘。虽然没有打开涨停板，但至少表明这个量能是不健康的，是不良资金表现。

再往后看，下午 2 点多，主力终于不再遮掩，连续几笔大单砸开了涨停板，随后出现了一连串的中单卖出，致使股价一路下滑，这种情况表明主力在出逃。主力以拉涨停板的形式吸引投资者关注，达到诱多的目的。这种走势看似拉升，实则出货，量价关系表现为量增价跌，因此后市看跌。

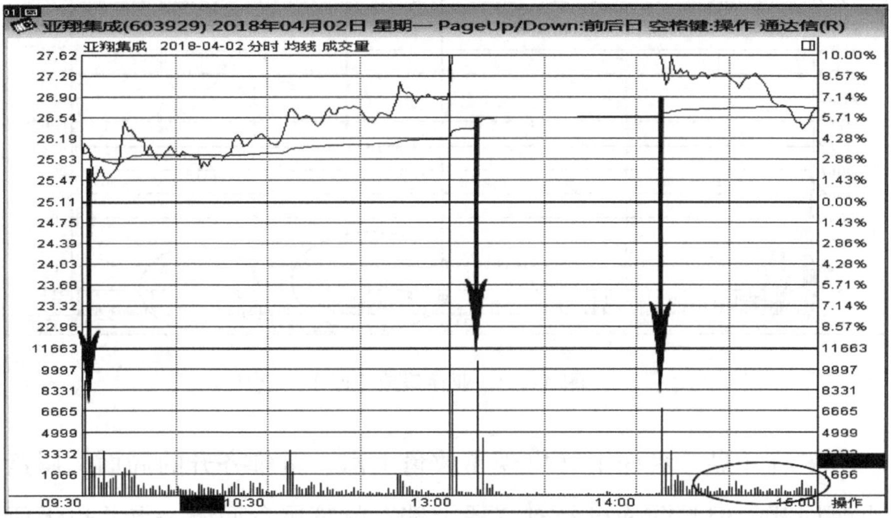

图 4-28　亚翔集成（三）

为什么打板以后有的股价后市上涨，有的股价后市下跌，这和做多资金、出逃资金的量能有直接关系。

再往后看 2018 年 4 月 18 日的股价分时图，如图 4-29 所示。当日股价持续上涨，虽然尾盘有一点儿回调，但回调幅度远在 50% 位之上，甚至在 25% 位之上，说明这根阳线主力是在买入，股价没有下跌的意思，或者说主力没有出货的意愿。

该股当日早盘分时走势中有一个堆量，这个堆量是不是和图 4-28 有所区别？从图上看，这个位置是放量上涨，量增价涨，因此后市看涨。之后股价围绕均价线上下震荡，价平量平，走出了高控波的图形。

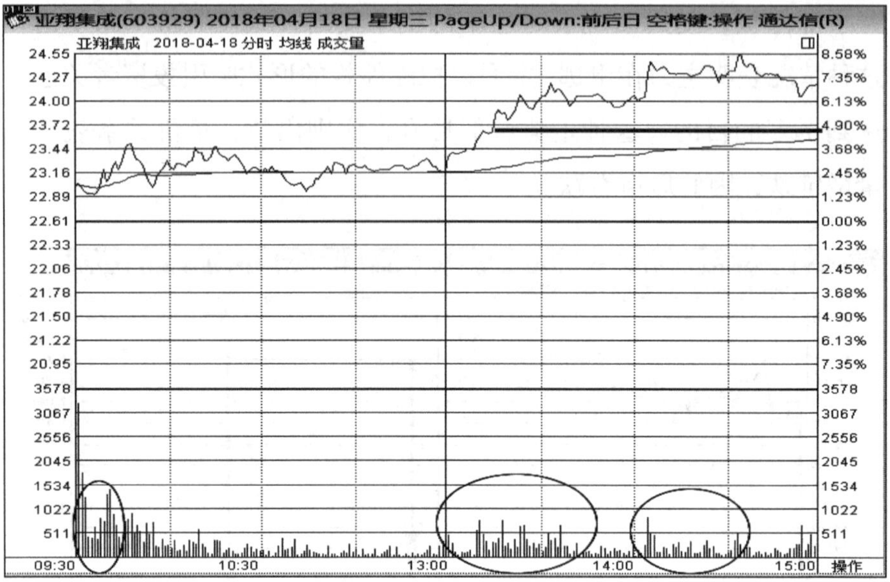

图 4-29 亚翔集成（四）

午后开盘，盘面上又出现了放量上涨、量价齐升的局面。尾盘小幅回落，但是前面已经有三段上涨，就算尾盘回调一点儿也无所谓，况且尾盘下跌对应的量能也只有那么一点点。

综上所述，投资者从图中可以明显地看出分时走势是上涨的节奏，在这个过程中是量增后价涨，后市应该看涨。

图 4-30 为华锋股份（002806）的股价 K 线走势图。从该图中大家看到了什么？还是那句话，关键位置的关键 K 线的关键分时走势。关键位置怎么判断呢？突破位置是关键位置，上穿操盘线位置是关键位置。涨得多了，明确的见顶信号也是关键位置。关键位置的见顶和见底 K 线组合也就一两根、两三根 K 线，只有它们才是分析研究的对象，其他 K 线没有太多研究的必要。

如图 4-30 所示，该股在 4 浪末、5 浪初为什么会拉升这么大的幅度呢？我们能把握住这波行情吗？可以。该股行情发动初期是一个涨停板，从 K 线走势上看是吞没形态。下面看看这个涨停 K 线的分时走势。

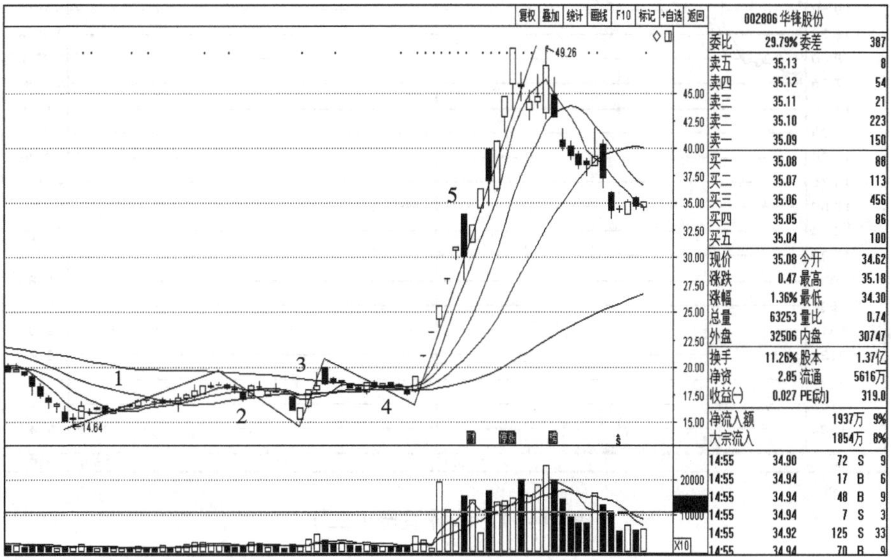

图 4-30　华锋股份（一）

图 4-31 是华锋股份涨停 K 线的分时走势图。看盘时，短线精灵都会提示个股急速拉升的即时行情。当系统提示华峰股份上涨 7% 时，大家在盯盘过程中就会及时关注它。

在 10 点前的这一波攻击行情中，白色分时线离均价线太远。遇到这种高乖离走势先不要买入，等股价回落到均价线附近再行动。股价回落到均价线附近时，受到均价线支撑稳步上移。

当股价二次上冲又冲到了涨幅 7% 的前高位置，一旦超过前高，就到了涨停临界点，那能不能打板呢？这时就需要研究量价关系了。因为封板的瞬间出现了单笔巨量封涨停，所以压缩了涨停板之前的量能。如果没有后面的量峰，前面的成交量也可以看出是很大的。从分时图中可以看出，每一次的次级放量都对应一次股价的拉升，价涨量升，量价配合良好，是一种健康的量价关系。

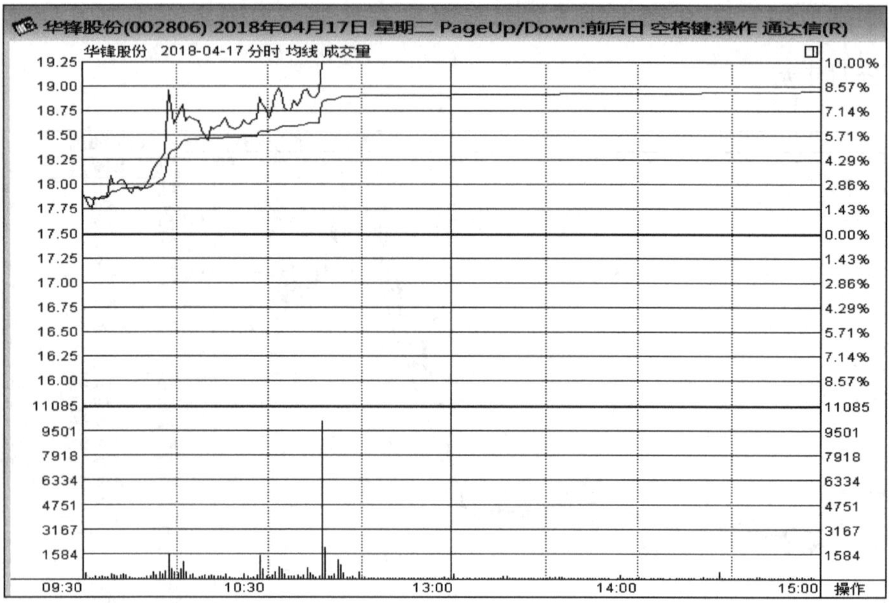

图 4–31　华锋股份（二）

另外从 K 线形态上，此时股价正处在三军会师的地点，一阳穿四线，标准的出水芙蓉形态。当股价站上所有的均线后，均线多头向上发散，形成做多合力，后市必涨无疑。

再往前看，在 2 浪末、3 浪初出现的涨停板能不能买入呢？那就要看市场给不给机会了，下面打开这根 K 线对应的分时图，如图 4–32 所示。

图 4–32 为华锋股份 2018 年 3 月 27 日的涨停分时走势图。从图上看，分时走势分为两个阶梯式上涨，股价先在早盘由一个冲击波拉升了 2 个点，然后股价维持高控盘的横向震荡，甚至出现了不多见的一字麻绳波。

随后股价又出现了一个攻击波，股价开始震荡向上，量减价升，说明盘中的抛盘很轻。这两种波形结合在一起，只有主力在高度控盘的情况下才会出现，同时也说明这种量价关系最安全。因为主力

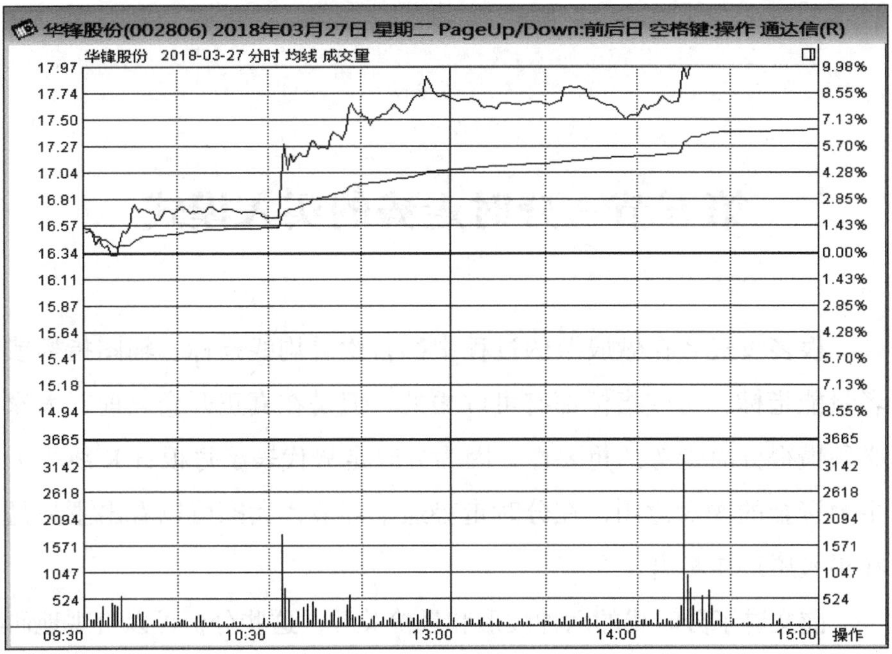

图 4-32　华锋股份（三）

一直在用中单买入，临盘需要在涨停临界点及时跟进。果然尾盘股价走到了阶梯尽头，封死了涨停。

第五节　分时走势的买入模式

很多投资者在做股票的过程中都喜欢看均线指标、辅图指标或者量能指标，这些指标都有可取之处。但是在真正开仓之前，大家必须懂得分时走势的重要性，因为分时走势代表了每根日 K 线当天主力资金的操盘意图，在分时走势这个环节，大家可以看出主力是在买入还是在卖出。

前文讲了分时线的六种波形和量价关系，这些分析可以直观地研判当日主力是在买入还是在卖出。本节主要讲解主力资金的买入模式。

如果主力在买，你也在买，你就跟上了主力的步伐。如果主力在卖，你反而在买，那不就成了被割的韭菜了吗？实战中，大家要学习分析分时走势，以便辨别主力是在买入还是在卖出，如图 4-33 所示。

在分时走势中，主力资金有几种买入模式呢？

第一种是强势买入模式，这是一种比较直观的买入模式，也是分时走势中的强势拉升模式。

第二种是先买后调买入模式，也称为分时走势中的拉升买入回调模式。

第三种是震荡买入模式，这种买入模式的分时走势以震荡为主，主力是在买入还是卖出，要与量能结合在一起分析。本书讲解的一系列分析技术都是相互关联的，不能拿出来单独使用，缺失哪个技术要点，分析结果都是不完善的。

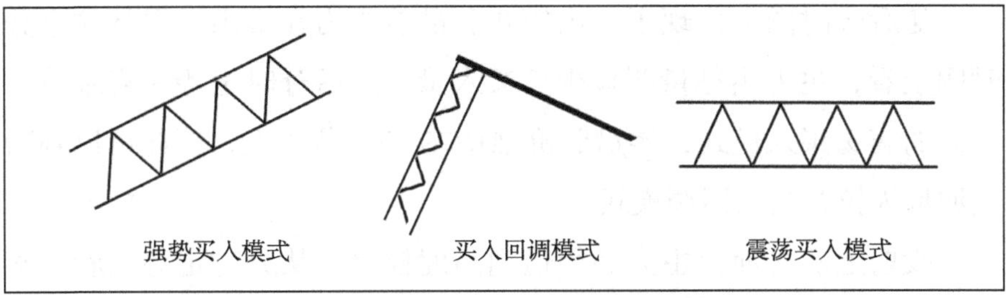

图 4-33　买入模式示意图

下面直奔主题，结合案例讲解。

分时线与均价线前文已经讲得很详细，分时走势属于哪种形态，还需要用软件自带的工具简单地画一画。

如图 4-34 所示，如果股价拉升后回调落在 50% 位，要把它看作拉升买入回调模式。主力是否在买入，还是借拉升出货，这是由成交量决定的。以前文讲解的量价关系来分析，不难看出主力早盘明显有买入动作，一波式攻击就将股价拉到了涨停，只是涨停板并没有封死。

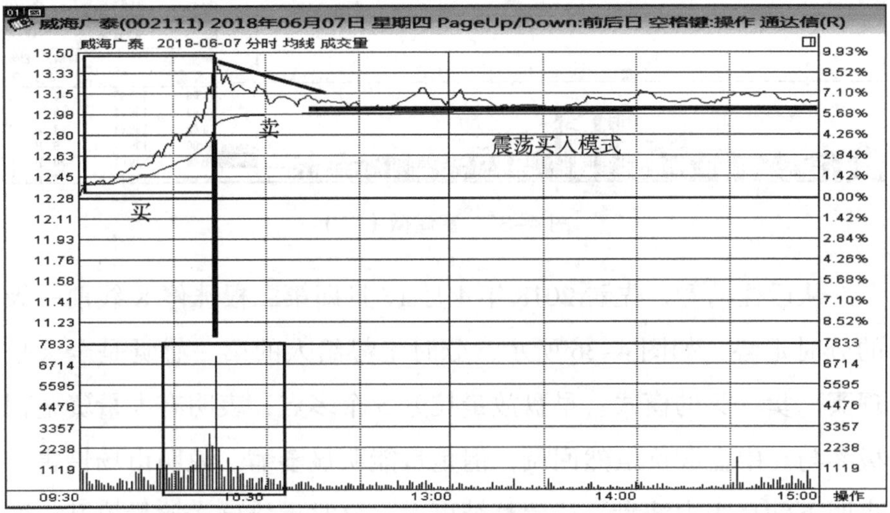

图 4-34　富瀚微（一）

随后分时图上出现了卖出模式。虽然主力在卖出，但从这个分时图上看，主力出逃量明显少于买入量。此后分时走势一直维持高控波的震荡买入模式，尾盘股价维持在 50% 位之上，因此可以判断此波形为拉升买入回调模式。

股票上涨之前，主力必须达到高度控盘。从分时走势上看，某根 K 线的分时走势必须出现高控盘的波形。

图 4–35 为富瀚微（300613）的股价 K 线走势图。图上出现了两个涨停板，在此就事论事，只从技术面分析，看看涨停板前一天 K 线的分时走势有没有为涨停做好铺垫。

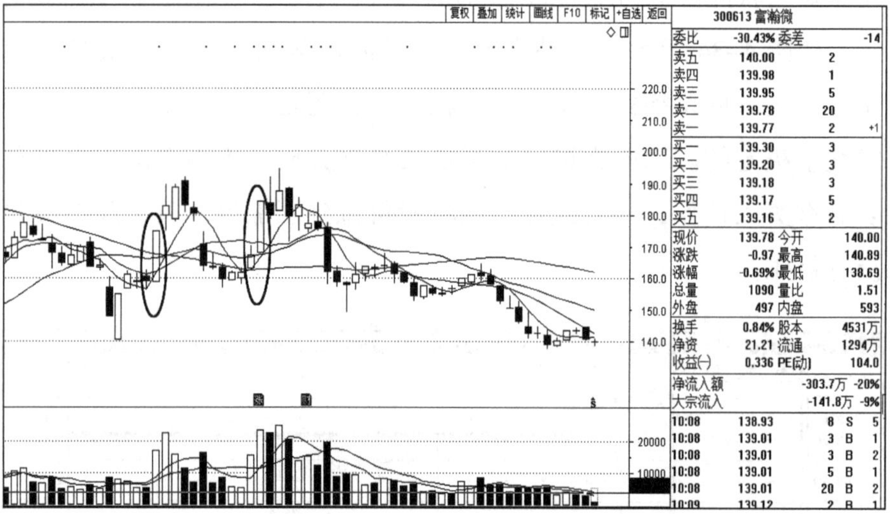

图 4–35　富瀚微（二）

从后往前看，先看 2018 年 4 月 17 日即第二根涨停 K 线前一天的分时走势，如图 4–36 所示，分时走势给人的第一感觉是全天呈现买—卖—买的模式。早盘放量拉升 5 个多点，表明有大量资金积极参与。中盘股价虽然回调，但是量能明显萎缩，说明市场惜售，表明下跌是主力洗盘。待调整结束后，分时走势再次放量拉升，堆量上涨。

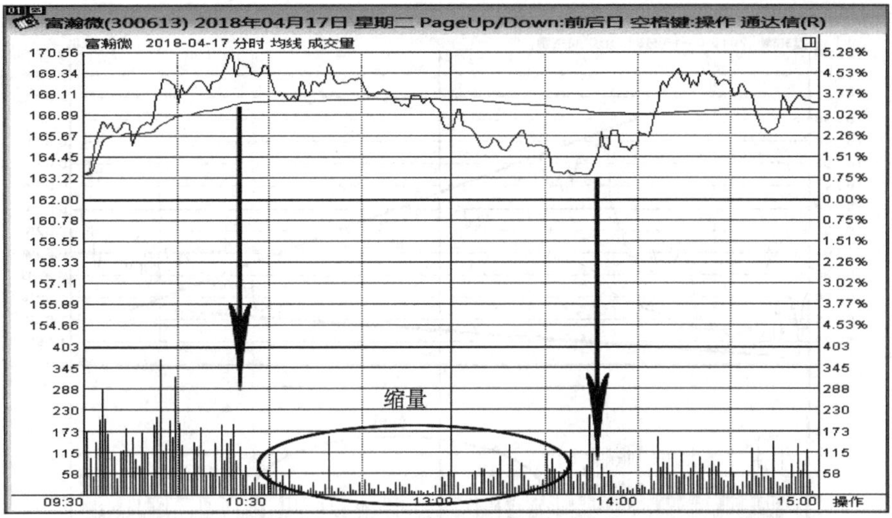

图 4-36 富瀚微（三）

再从分时走势的整体架构来分析，全天分时走势是一个大的箱体震荡，没有明确的看空理由。盘中有买入有卖出，但是总体看买方力量偏强。尾盘出现了小幅拉升，说明有资金回流。该股全天的分时走势是以买入为主，如果尾盘投资者想买入该股，还是可以介入的。

如果仅凭这根 K 线的分时走势还拿捏不准，不妨再看看前一根 K 线，即 2018 年 4 月 16 日的分时图，如图 4-37 所示。该股尾盘出现了宽幅震荡向上，整体架构是大的二底抬高。尾盘有一个分时三角形突破。这里先不考虑形态上的突破，重点分析量价关系。早盘分时走势一直就是放量的买入模式，中间缩量下跌，尾盘再次放量拉升，总体来说分时走势就是买—卖—买的模式。

下面再来看前一根涨停 K 线的前一日（即 2018 年 3 月 29 日）的那根小阴线，如图 4-38 所示，此时主力是在买入还是在卖出呢？

从整体走势看，分时走势是高开震荡然后一路下跌。以昨日收

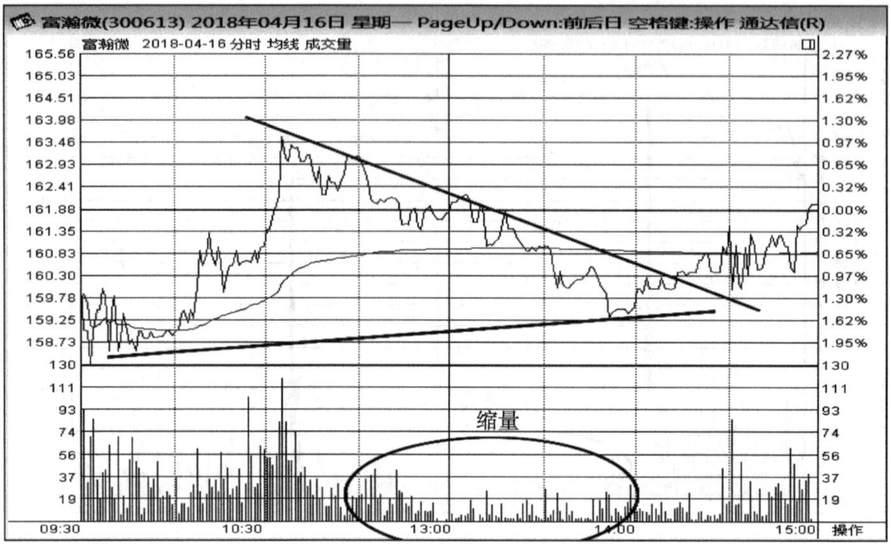

图 4–37 富瀚微（四）

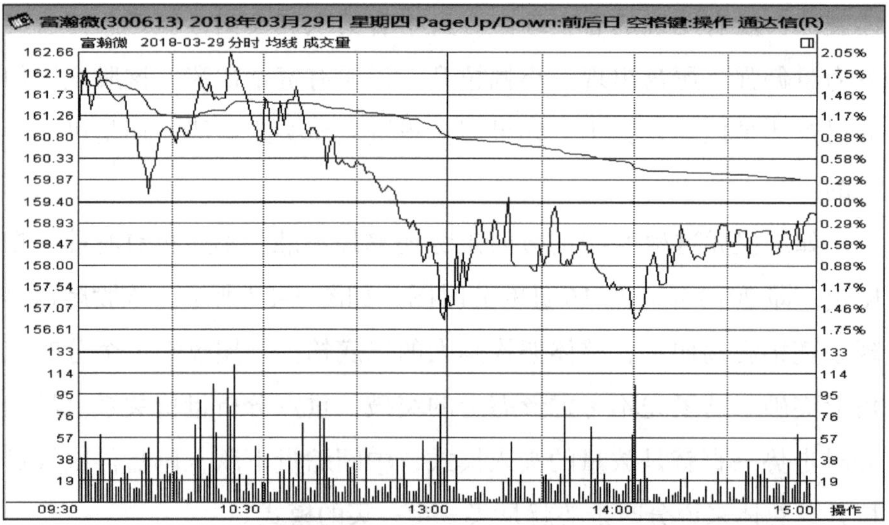

图 4–38 富瀚微（五）

盘价为中轴，以中午收盘时间为分界点，上半场是跌—涨—跌，下半场是涨—跌—涨。总体感觉就是下午并没有单纯走下降通道，主力并没有刻意卖出，盘中有意护盘，而且最后一个小时还是买入模式。如果尾盘不是拉升，而是一直往下走，那么接下来的走势就不大妙了。读懂了分时走势，对于短线买卖点判断具有决定性的作用。

按照辩证法的观点，事物的发展包括三个阶段，即肯定阶段、否定阶段、否定之否定阶段（即新的肯定阶段），这个观点充分反映了事物发展道路的复杂性和曲折性。把这句话用在股票行情走势上再贴切不过了，因为行情就是阴阳交错，多与空、涨与跌交织在一起，只有经过否定的否定，股价才会变成肯定的上涨。

第六节　分时走势卖点判断

股票有买入就有卖出，把股票卖在一个高点，或卖出股票后股价就开始下跌，是每个投资者梦寐以求的事。在讲解分时卖点这个问题之前，先分享一个非常好用的辅图指标，指标程序如下。

```
{★底部提示：副}80,POINTDOT;
50,POINTDOT;
20,POINTDOT;
VAR2:=(CLOSE-LLV(LOW,20))/(HHV(HIGH,20)-LLV(LOW,20))*100;
VAR3:=SMA(SMA(VAR2,3,1),3,1)/28.57;
VAR4:=EMA(VAR3,5);
VAR5:=3*VAR3-2*VAR4;
AA:=CROSS(VAR5,VAR3) AND VAR3<2.1 AND C>0;
VAR6:=(2*CLOSE+HIGH+LOW)/4;
VAR7:=LLV(LOW,13);
VAR8:=HHV(HIGH,13);
VAR9:=EMA((VAR6-VAR7)/(VAR8-VAR7)*100,13);
VARA:=EMA(0.667*REF(VAR9,1)+0.333*VAR9,2);
多:VAR9,COLORRED,POINTDOT;
空:EMA(0.382*REF(VAR9,2)+0.618*VAR9,12),COLORGREEN;
STICKLINE(VAR9>VARA,VAR9,VARA,6,0),COLORRED;
```

```
STICKLINE(VAR9<=VARA,VAR9,VARA,6,0),COLORFFCC66;
```

这是可以安装在通达信软件辅图中的波段背离指标。有很多投资者喜欢用同花顺软件，笔者为此又对该指标做了修改，以适用于同花顺软件。

```
100,POINTDOT;
50,POINTDOT;
VAR2:=(CLOSE-LLV(LOW,20))/(HHV(HIGH,20)-LLV(LOW,20))*100;
VAR3:=SMA(SMA(VAR2,3,1),3,1)/28.57;
VAR4:=EMA(VAR3,5);
VAR5:=3*VAR3-2*VAR4;
AA:=CROSS(VAR5,VAR3) AND VAR3<2.1 AND C>0;
VAR6:=(2*CLOSE+HIGH+LOW)/4;
VAR7:=LLV(LOW,13);
VAR8:=HHV(HIGH,13);
VAR9:=EMA((VAR6-VAR7)/(VAR8-VAR7)*100,13);
VARA:=EMA(0.667*REF(VAR9,1)+0.333*VAR9,2);
多 :VAR9,colorred,POINTDOT;
空 :EMA(0.382*REF(VAR9,2)+0.618*VAR9,12),colorgreen;
STICKLINE(VAR9>VARA,VAR9,VARA,16,0),colorred;
STICKLINE(VAR9<=VARA,VAR9,VARA,16,0),COLORFFCC66;
```

波段背离这个辅图指标可谓功能强大，是预判顶部的重要工具。

如图 4-39 所示，该股在 5 浪的起涨点收出了涨停板，可是股价并没有走多远，后市随即出现了下跌行情。之所以出现这种走势，就是因为股价与趋势背离指标形成了顶背离。股价往上走，而指标往下走，这就是顶背离。

该股在第三次出现顶背离时，正好上涨的五浪结构也走完了，这就出现了一个比较好的波段性卖点。上涨五浪完整走完，股票注定要走 A、B、C 三浪下跌。如果在此点位舍不得卖出，还对后市走势抱有幻想，之前的获利就会回吐。5 浪走完，多头大势已去，在此破位点不能怀有依依不舍的情感。皮之不存，毛将焉附，此刻的正确做法就是手起刀落，果断出局。

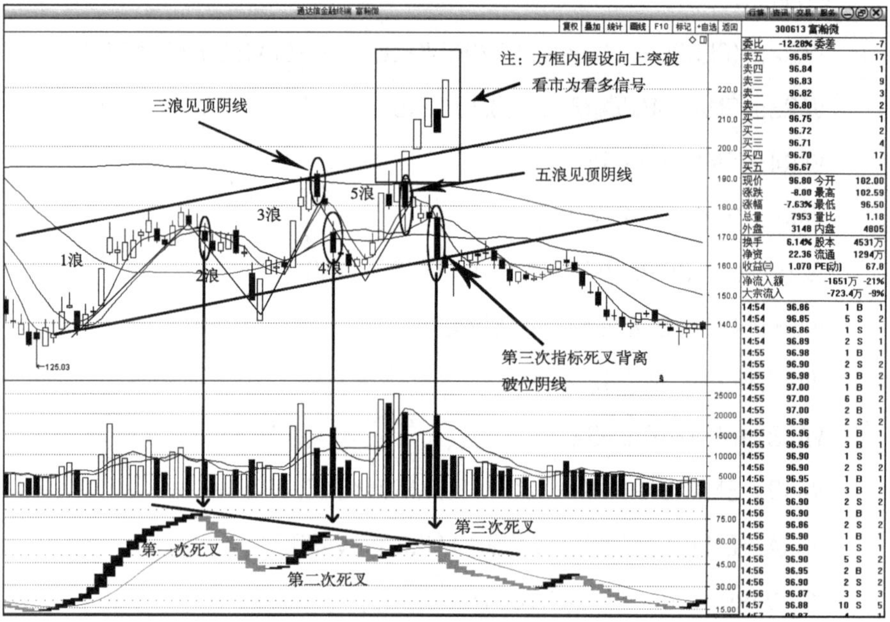

图 4–39　富瀚微（六）

图 4–39 中出现的这个波段性卖点，也就是我们所说的关键位置的关键 K 线，这是做空的好时机。

3 浪顶端和 5 浪顶端处于通道上轨压力位，它们都是关键位置。在 3 浪与 5 浪的中枢上涨行情中，如果股价上涨，属于正常走势，因为这时股价本来就处于多头上涨浪形中，阳线上攻肯定是正常现象。

连续上涨一段时间后，如果接连几天都出现十字星、锤头线、流星线，意味着上攻遇阻，这就表明行情走势不正常了。在压力位遇到阻力，股价冲高回落，这些K线就是大家需要研究的对象，有必要看一看对应的分时走势。

图4-40是3浪见顶时第三根阴K线对应的分时走势。俗话说，“三天不创高，股票往外抛”。判断主力是在买入还是在卖出，要进行量价分析。图中股价一开盘就是一个放量下跌，而且是全天最大的密集成交区，接着是缩量横盘整理走势。

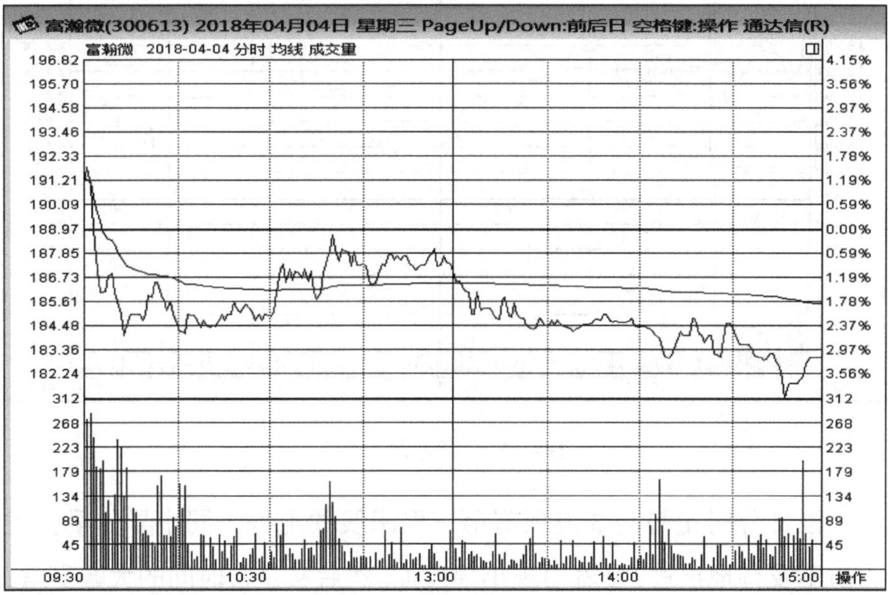

图4-40　富瀚微（七）

10点30分到11点30分这一个小时里，股价震荡盘升，但分时线并没有冲到红盘区，昨日收盘价成为股价上涨的强阻力位。这种情况表明股价还在空头控制之下，行情仍旧处于弱势。

随后整个下午股价都是震荡向下，出现了卖出模式。分析这根K线的分时走势后，大家还有必要留恋吗？投资讲究机会成本，短线看三天，三天已经是最后期限，不涨就要卖。遇到这种分时走势的阴线下跌，未进场的不要介入，持股的要抓紧择机出局。

再看 5 浪顶部第三根关键 K 线的分时图，如图 4-41 所示。

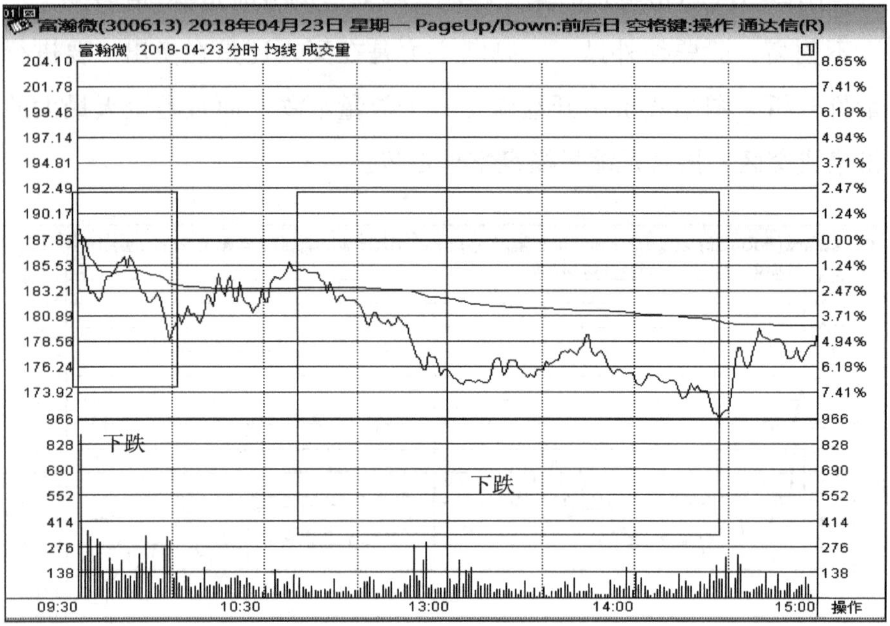

图 4-41 富瀚微（八）

该日分时走势与 3 浪顶部第三根阴线的走势大同小异，早盘主力迫不及待地出逃，接着出现小幅反抽。然后又是长时间的大幅下跌，最大跌幅达到 8.65%，可见其空方的炮火有多么猛烈。

虽然尾盘小幅拉升，但跌幅依然达到了 5 个多点，看来主力不想收个光脚阴线，这种 K 线形态太难看。尾盘主力不是买入，而是护盘拉尾盘，短线诱多。

总体来说，从下跌持续的时间和力度来看，多方全天几乎没有还手之力，空方主导了整个局面。投资者看到这样的分时走势，此时不卖更待何时？

以上分析的是见顶时关键K线对应的两个分时图，下面再来看看5浪下跌跌破上升通道下轨支撑、向下破位的这根K线对应的分时图，如图4-42所示。

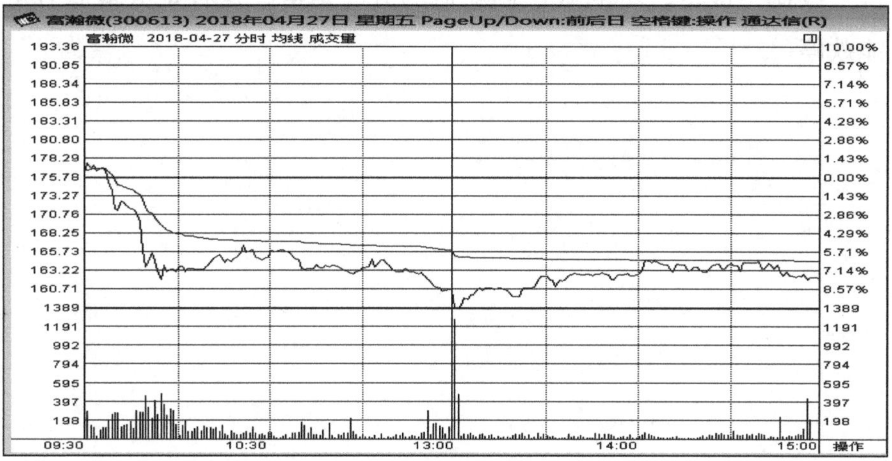

图4-42 富瀚微（九）

从图中可以看到，早盘量增价跌，是后市看跌的量价关系。以早盘的卖出量能来看，其占到全天交易量的一半以上。之后股价连个像样的反弹都没有，一路呈现瘪球落地的分时走势，维持在-7%～-6%的跌幅区间弱势震荡。

从日K线柱状量能上看，当日也是量增价跌，后市看跌。此时股价经过连续不断的上涨，K线在5浪末端位置摇摇欲坠。既然上涨行情已经结束，不就要清仓出局吗？这个点位别说盈利，就是亏损也要走。做股票不怕赔，就怕死扛。别以为死扛是聪明的做法，死扛只能被动扩大亏损。

综上所述，看分时走势首先要看大的整体局面，要从趋势的角度研判主力意图。很多人讲解攻击波和冲击波时，并没有从战略角度分析主力意图，所以极易误导投资者。

买股一定要买在阳线上，不要买在阴线上。投资者需要介入的分时走势是向上震荡拉升的走势，宽幅震荡模式也可以，但必须是见到底部抬高的上升趋势。最需要回避的是分时阶梯式的下跌，股价一波比一波低，不断破位创新低的分时走势，这种走势最后有可能跌停。

第七节　分时盘口的实盘运用

前文讲解了分时图中的即时线、均价线、量价关系以及买入和卖出模式，这些内容最终都要运用于实战，具体怎么买卖，下面结合个股案例讲解。

图 4-43 为可立克（002782）的股价 K 线走势图。该股属于热点板块，板块走势对股价的上涨起到了一定的支撑作用。可是行情好就一定能赚钱吗？不一定。大盘不太好时，也会有很多股票上涨，当然更多的是下跌，还有一些停滞不前。能够跑赢大盘，抓到上涨的好股票，才是投资者追求的目标。

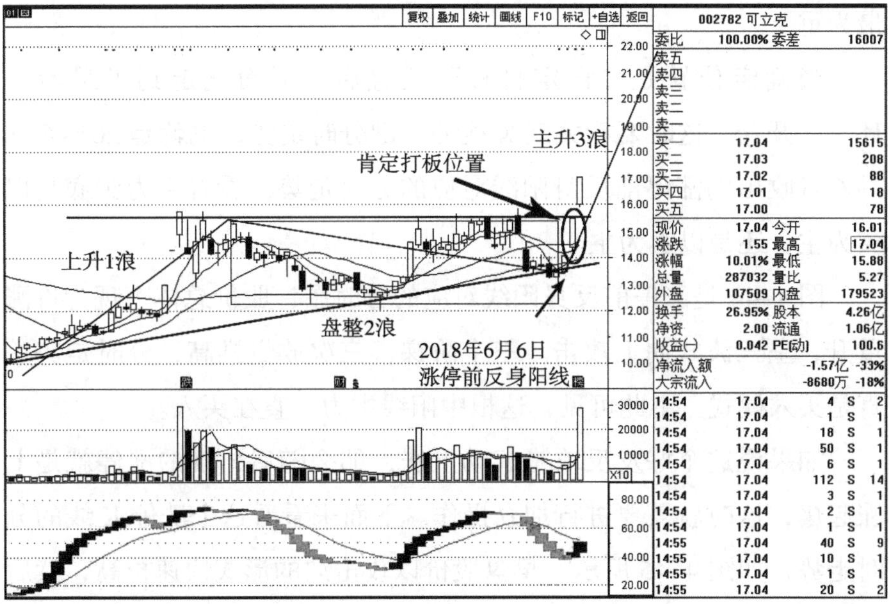

图 4-43　可立克（一）

怎样抓住好股票？投资者要掌握一定的分析技术。选股单单看分时走势是不行的，还要看当前这根 K 线处于股价走势的哪个位置，准确识别这个位置处于股价运行的哪个阶段。

如图 4–43 所示，该股股价底部不断抬高，明显是在走上升趋势。从浪形上看，当前股价位于 2 浪末、3 浪初的位置，在走 3 浪主升浪。从形态上看，当前出现了向上突破上升三角形上边线走势。

做股票讲究右侧交易，不要做左侧交易，这是买股的基本要求。无论股票是下跌还是回调，投资者都不要参与左侧走势。

见图 4–43，当股价回落到上升趋势线处受到支撑，这就是关键位置。在这个关键位置，要观察是否出现了前文所讲的三种 K 线起动形态，即好友反攻、绝地反击或吞并反转 K 线组合形态，这三种形态的 K 线都是关键 K 线。该股在上升趋势位置出现了由一根阴线和两根阳线组成的好友反攻形态。买股要先看股价所处的位置，位置是第一位，K 线是第二位，分时走势排在第三位，其中所处位置最为重要。

当确定位置是“肯定打板”位置后，下面就走到了最后一环——开仓。这时要看关键 K 线的关键分时走势，也就是 2018 年 6 月 6 日收出的涨停前反身阳线对应的分时走势，看看主力到底是以买为主，还是以卖为主。

图 4–44 是涨停前反身阳线对应的分时图，股价总体表现为价涨量升，呈三波式向上攻击。三个阶梯，三次放量推高，分时走势一直是买入模式。由此可见，这根中阳线主力一直在买入。

如果说这个好友反攻是起动上涨，那么随后出现的涨停就是上涨起爆，这时就需要进行加仓操作。下面来看看这个涨停 K 线的分时走势，如图 4–45 所示，早盘股价以攻击波的形式快速拉高，然后经过一个等时的小幅调整，紧接着一个火箭发射走势，单笔巨量封上涨停。在火箭式拉升中，对于5—10个点区间的委卖盘，主力大单统吃。分时走势对应的是上涨放量，回调缩量，量价关系表现非常健康。

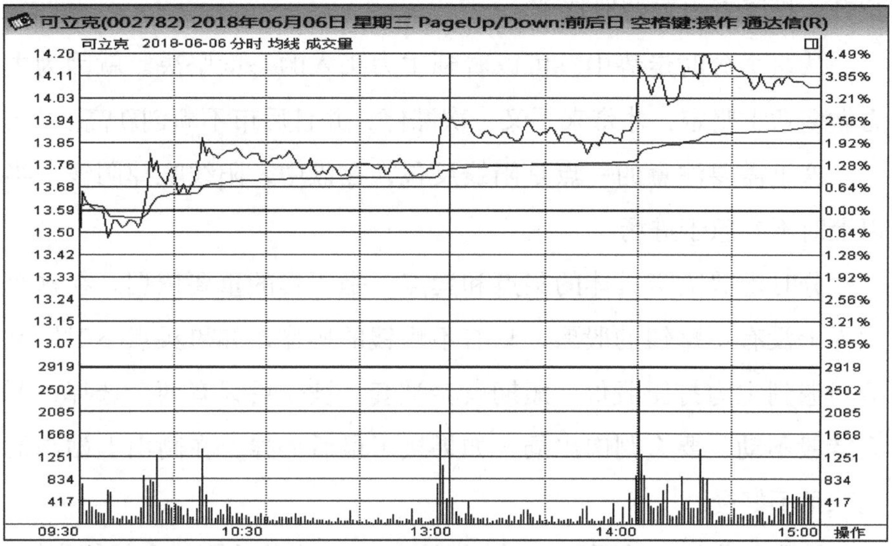

图4-44 可立克（二）

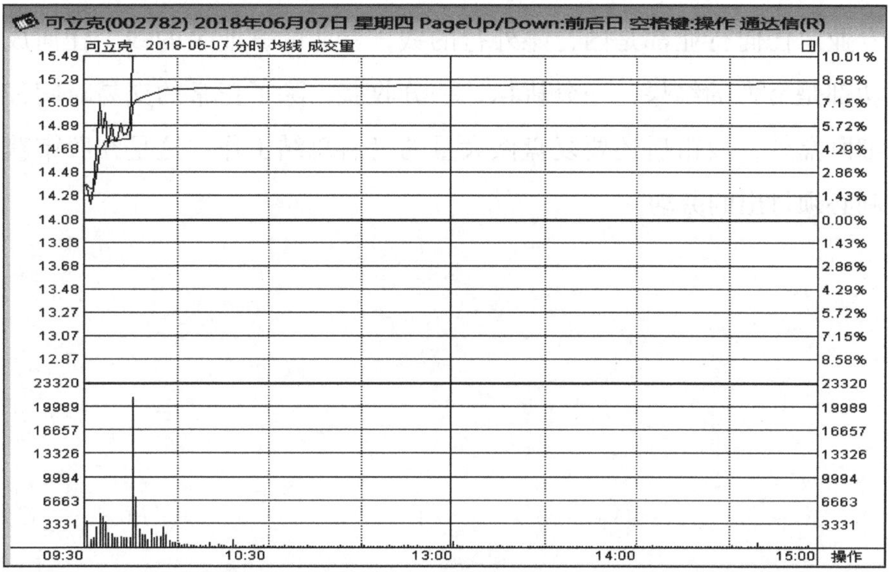

图4-45 可立克（三）

从日 K 线图上看，这个涨停 K 线已触及三角形的上轨，但是封板之后涨停并没有打开，说明市场抛压不大。日 K 线量能只是温和放量，这也从另一方面印证主力已经掌握大量筹码。既然主力锁仓拉升，投资者也要持股待涨。

从这个分时走势中，可以看到主力买入的态度坚决。就因为主力做多意志坚定，才带来了又一次涨停，并且后市不断创新高。

这里需要注意的一点是阳线反包，在盘中，阳线吃掉阴线一半以上时不要急于进场。

分时走势决定具体的买点和卖点，是买卖的重要依据。在这个世界上没有不赚钱的股票，只有不赚钱的操作，如果买点不对，又恰巧遇到主力打压股价，短期就会被套。被套后只有两个选择，要么持股不动，要么割肉出局。如果接了最后一棒，在高山上站岗的滋味可不好受。

炒股无非就是动下鼠标，低吸高抛，只要卖价比买价高就能赚钱。很浅显的道理，可是绝大多数人都做不到，关键原因就是操作不够专业。任何行业都是内行赚外行的钱，专业的赚业余的钱。任何成功都是努力的结果，一分耕耘，一分收获，除了正常的交易时间仔细盯盘外，收市后还要复盘做大量的盘后总结工作，这是在股市获利必须付出的劳动。

第五章

量价关系分析

第一节　日线走势量价关系分析

成交量大小要看位置，如果在高位放大量，就有主力出货的嫌疑。市场到了最后的疯狂阶段，主力为了出货，都会对倒放出历史天量。想一想，主力不在价格洼地收集足够的筹码，反而在高位承接散户的抛盘，这可能吗？只有在低位放量，才有主力捡拾廉价筹码的可能，低位放量是不是立庄量，还要待后市验证。

量价关系是技术分析不可或缺的一环，所有交易都是建立在量价关系之上的买卖行为，所以量与价至关重要。前文讲述分时战法时已经提到量价关系，在日 K 线操作中，同样要分析量价关系。对于日 K 线图，可划分为九种量价关系。

一、量增价涨

量增价涨也叫放量上涨，或者称为增量上涨，代表后市看涨。

量增价涨的表现形式是，日 K 线图中量能柱相比前几个交易日有所放大，价格相应地在窄幅震荡中随量上涨。量能柱放大意味着成交量增加，价格上涨可以从 K 线实体大小和股价重心移动上看出来，从股价的涨跌幅度上也能看出来。

量增价涨是与前期量价表现做对比，也就是辅图的成交量放大了，主图的阳线涨幅或股价重心也上移了，这是相互对应的关系。

量增价涨预示后市股价还有上涨的潜力。后期股价上涨时，成交量不一定放大，但再次放量也是可以的，量能出现小幅萎缩也是可以的。只要是在关键位置（也就是股价起动上涨的时候），成交量放大，量增价涨，后市看涨。

二次放量后，接着出现第三次放量，价格对应上涨，后市还是看涨。越是温和的放量上涨，表明上涨越有后劲。在这个放量上涨的过程中，还有一种情况是放量后一直保持较平稳的量能，但价格一直向上涨升，这种情况后市也看涨。

放量的第一个量能柱最关键，尤其是关键 K 线突破关键平台时，成交量放量更重要。关键位置的关键 K 线，它对应的是关键量价关系，第一根放量突破的 K 线在技术分析中的地位更重要。图 5–1 为关键位置出现的成交量放量示意图。

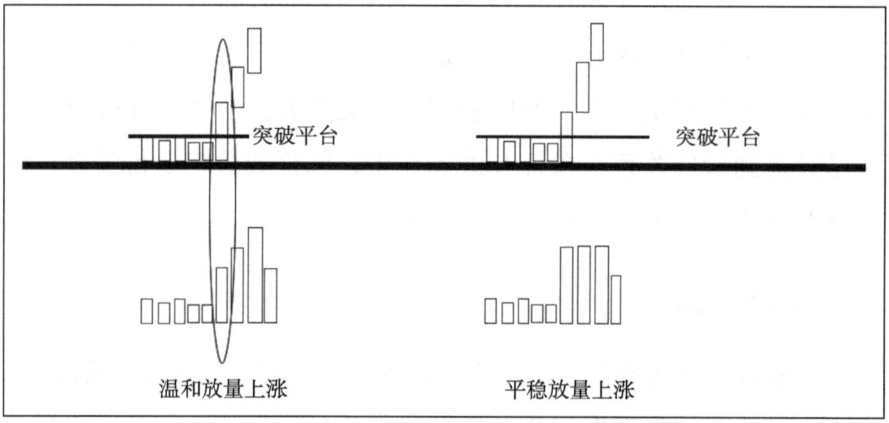

图 5–1　关键位置成交量放量示意图

二、量增价跌

成交量放大，股价下跌，这种量价关系一般有三种情况。

第一种情况，股价连续上涨后，成交量在高位放大。在股价上涨过程中，成交量比较稳定。当股价涨到某个高点，成交量突然放大时，大家就要小心，尤其是出现有较长上影线的 K 线。如果紧随其后的 K 线成交量继续放大，且价格开始下跌，跌破前面阳线 50% 位，就是看跌信号。如果在阳线、阴线两根 K 线之间出现一颗十字星，更能确认为阶段性顶部，如图 5–2 所示。

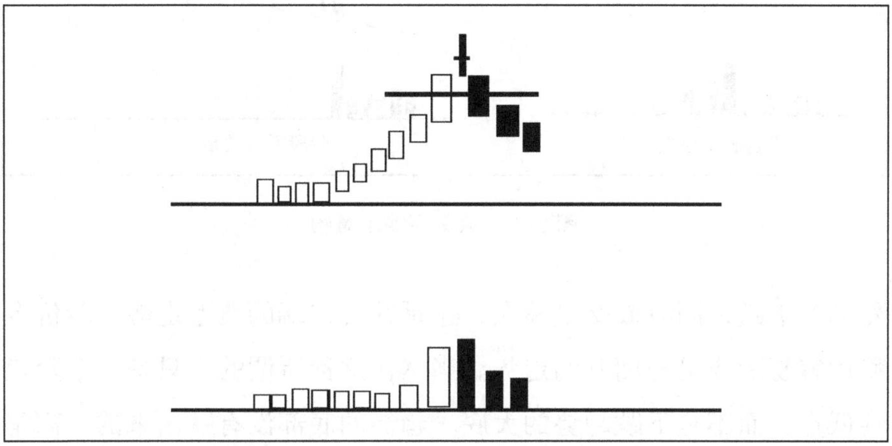

图 5–2　顶部放量示意图

量增价跌，后市看跌。下跌过程中，成交量大小就无足轻重了，一般会表现为缩量下跌。

第二种情况，股价前期没有上涨，而是维持横盘走势，突然某个交易日股价跳水，突破盘整平台的支撑位，破位后成交量明显放大。这种情况是放量向下长阴突破，也是关键位置的关键 K 线的关键量价关系。非关键 K 线放不放量不太重要，关键点位向上突破或向下突破的关键 K 线，其表现出的量价关系才具有重要的分析意义。

第三种情况，股价连续阴跌，突然某一天股价大跌，同时成交量急骤放大。在前期连续阴跌过程中，成交量都比较稳定，突然放量大跌，这是一个阶段性见底信号。

量增价跌，前两种情况下，高位和平台突破的放量下跌预示后市看跌。第三种情况下，股价前期已经下跌了很长一段时间，再突

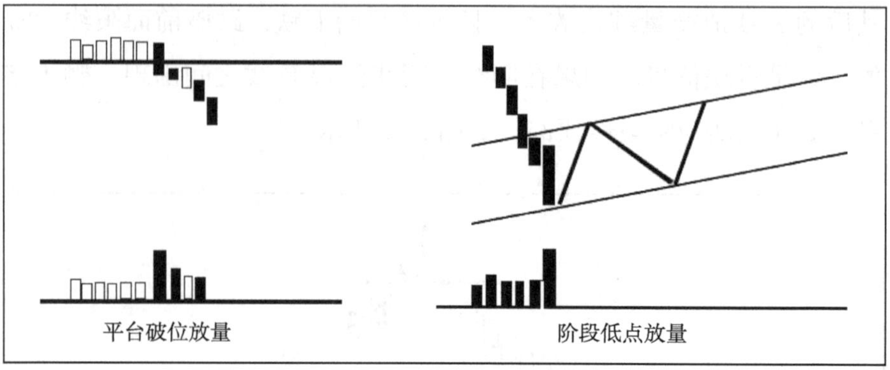

图 5-3　放量下跌示意图

然加速下跌，同时成交量放大，这是跌势末端的典型走势，股价企稳后容易形成见底回升的走势。当然，这种所谓的底只是一个阶段性低点，而不是下跌趋势的大底。趋势的底部没有跌出来的，都是涨出来的，这也是投资者普遍存在的一个认识误区。

本书所说的底部，都是第二个底抬高之后的底部。量增价跌第三种情况下所说的低点只是一个阶段性的低点，低点之后可能会有一个反弹，这里只是一个抢帽子、抢反弹的位置而已。

三、量增价平

量增价平属于量价背离的一种，所谓量价背离，就是指价格与成交量不同步，价涨时成交量并未随之上扬，或者是成交量增加时，价格没有随着上涨。

量增价平，顾名思义表示成交量增加时，价格不变，或仅微幅改变。通常出现在调整状态的走势当中，或者是上涨、下跌途中呈现的短暂回档状态，也常见于多头上涨的末升段，以及空头持续下跌的走势当中。位置不同，代表的市场意义不同，对后市的影响也不相同。

1. 底部区域的量增价平

如果在空头走势扭转成多头攻击走势的初升阶段出现了量增价平的量价关系，可视为主力正在吸纳筹码。股价经过长期大跌之后，如果在低位区域，成交量持续放大，股价却维持在原来的位置不动，有可能是主力故意打压股价来吸收低廉的筹码。这种打压手法就是对倒，即主力自买自卖，用大单把股价砸下来，故而显示抛盘很大，再用小单把筹码接回来，此时分时盘口虽显示股价在下跌，但投资者遇到这种走势的个股时，一定要注意其后期的走势，一旦出现量价配合向上拉升，要立刻买入。

2. 上涨途中的量增价平

炒股就是炒趋势，把握趋势、顺势而为。在股价上涨的途中，如果成交量放大但股价没有上涨，而是横盘整理，在一个价位附近来回波动，预示着获利回吐盘很多，场内持股者的持股信心动摇，换手积极。股价横盘整理并不标志着股价一定会下跌，如果大势向好，股价经过一段时间的整理有可能继续上涨。

是什么推动了股价的持续上涨？是买盘，持续不断的、踊跃的买盘。相对应的是居高不下的换手率和持续活跃的成交量。

3. 高位区域的量增价平

高处不胜寒，在股价上涨之后的高位区，如果出现量增价平的走势，标志着出现了滞涨，放量滞涨现象说明很有可能主力正在出货。

投资者如果遇到了股价在高位区域出现量增价平的走势，一定要注意风险，不要轻易追高，一有风吹草动，先进行减仓操作。

四、量缩价涨

量缩价涨也叫量减价涨、缩量上涨。量减，价格也能涨吗？可以。缩量上涨在市场中经常出现，如图 5-4 所示。

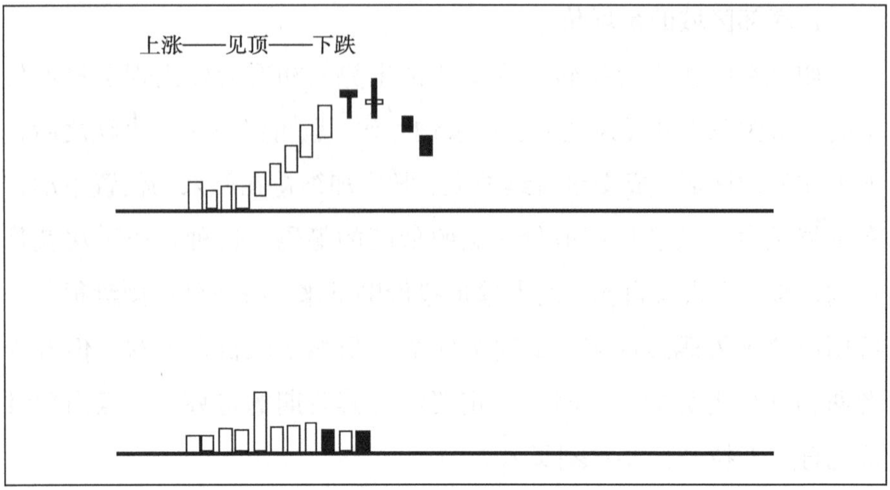

图 5-4 量缩价涨示意图

价格一直在某个价位徘徊，之后慢慢上涨，形成蚂蚁上树的走势，此时成交量不但没有放大，反而萎缩了。当然，起动上涨的那根阳线肯定是放量的，不放量无法突破平台阻力位。

量缩价涨对应的也是谨慎看涨，跟量平价涨性质差不多。但量缩价涨说明市场是一致看多的，跟量平价涨不一样。量平价涨是多空双方力量达到均衡，多方占优，稳步往上推升股价。量缩价涨是看涨的人多，看跌的人少，买卖双方争议很小，交投不活跃，造成股价缩量上涨。

在量缩价涨走势中，股价涨到一定幅度后，某日收出十字星、流星线，出现这些见顶 K 线，市场不一定放量就大跌。这种行情是一边倒，在前半段大家都看涨，行情很快由空转多，后半段大家都看空，行情也是快速由多转空。总体来说，量缩价涨不是特别健康的量价关系，上涨阶段可以谨慎持有，出现阶段性见顶信号时要及时离场，尤其是见到大阴线，更要清仓出局。

股价在上涨初期有相对大一些的成交量，在某个节点，股价会放量向上突破，但随后股价上升了，成交量却萎缩。

量缩价涨也是谨慎看涨。如果这种量价关系出现在行情末端，如见十字星、流星线意味着行情的结束，如果再遇到大阴线就赶快出逃。

五、量缩价跌

量缩价跌又称缩量下跌。在正常的股价走势中，有的是横盘，有的是上涨，有的是震荡下跌，量缩价跌走势无外乎这三种情况。无论哪种走势，股价开始下跌，正常的量能将会被打破。下跌过程中成交量萎缩，意味着市场人气低迷，无人进场接盘，未来股价仍将下跌。量减价跌是后市看跌的量价关系，如图 5-5 所示。

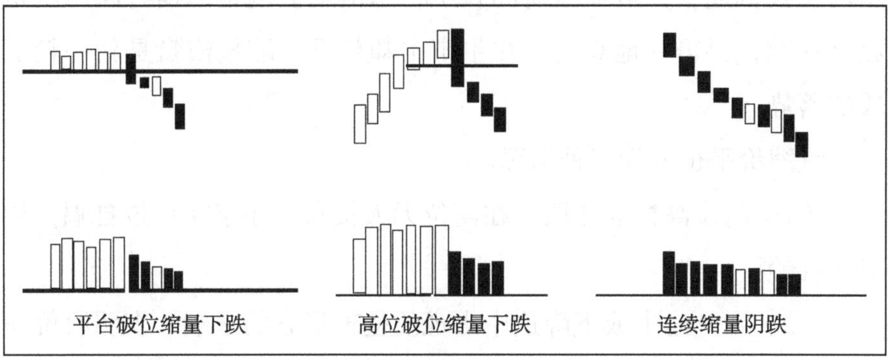

图 5-5　缩量下跌示意图

量缩价跌有三种形态，一是横盘破位以后向下突破，二是连续上涨之后量缩价跌，三是持续缩量阴跌。在横盘整理行情中，价格向下跌破支撑位，并不一定放量，反而可能缩量下跌。这种缩量下跌意味着后市下跌空间并不大，股价企稳后，还有可能向上攻击。

连续上涨之后，在高位出现量缩价跌的走势，很可能意味着走势出现转折点，此时顶部一定会有见顶信号。趋势发生反转后，经过一段时间的缩量下跌，股价可能进入震荡走势。

下跌趋势中的量缩价跌走势很可怕，这种走势就是通常所说的阴跌，也是继续看跌的信号。阴跌会造成市场长期低迷，使市场弥漫一种肃杀的气氛，投资者对价格下跌产生心理阴影，不敢进场，漫漫下跌路也不知何时才能见底。

六、量缩价平

价平并不是说股价不变，而是股价的波动很小，这主要看开盘价和收盘价，表现在K线图上就是一连串十字星。量缩也是相对的，跟前一段的平均成交量相比，并不是前一天两天。

在熊市常听到“久盘必跌”，说的就是缩量横盘。由于是熊市，市场交投低迷，一旦横盘时间长了，恐慌就会漫延，稍有风声就是相互踩踏，弄得一地鸡毛，在牛市中却相反，缩量横盘是新一轮上攻的蓄势。

量缩价平也分为三种情况。

（1）高位高控盘庄股，在高位无人接盘，庄家在自拉自唱，护盘举杠铃。

（2）上升途中或下降途中出现的整理形态的末端，表明股价即将选择方向。一般会继续维持原有的上涨或下跌的方向，这只是中途休息。要结合均线理论具体分析，还要看均线是处于多头排列还是空头排列。

（3）大幅下跌后的底部出现时，一般为圆弧底或平底，表明抛压衰竭。

七、量平价涨、量平价跌、量平价平

量平价涨、量平价跌、量平价平三种情况如图5–6所示。

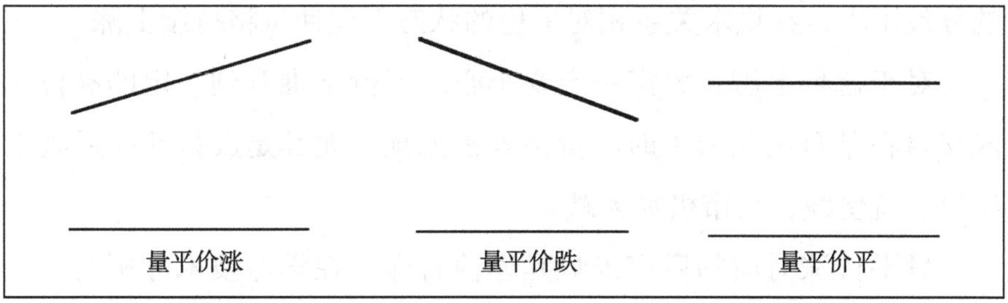

图 5-6　量平价涨、量平价跌、量平价平示意图

量平价涨比较好理解，就是某个时间段量能大小保持稳定，没有明显的异动，同时价格上涨。这种量价关系跟缩量上涨性质差不多，也是谨慎看涨。

量平，股价会上涨吗？会。量平价涨，后市不能坚定看涨，这种量价关系应该是谨慎看涨，如图 5-7 所示。

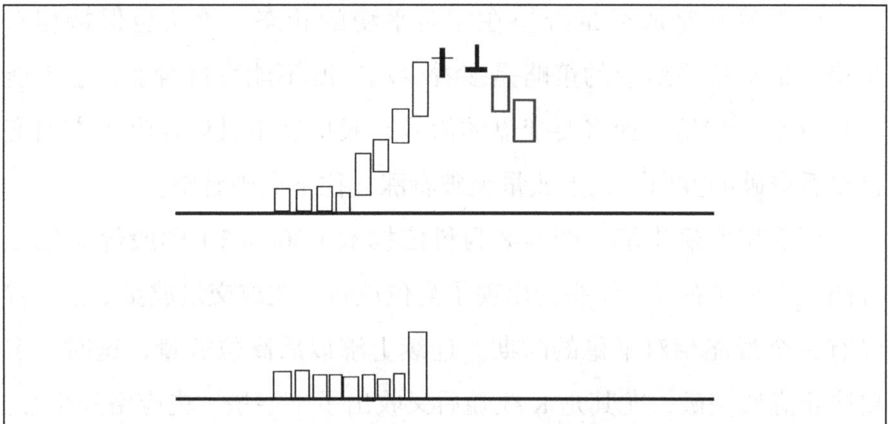

图 5-7　量平价涨示意图

量平价涨的含义是什么呢？比如说价格原来一直在平台内部运行，从某日开始，价格一直慢慢地向上攻击，但成交量没有太大的变化，量能表现一直不温不火，保持着相对平稳的态势。这种情况表明市场多空双方对股价缓慢上涨没有太大的争执，对后市走势

的分歧不大，在供求关系相对平稳的状态下促使价格持续上涨。

对于这种上涨，大家一定要小心。当价格推升到一定的高位，成交量在某日突然放大时，价格容易见顶。尤其是放量冲高后收十字星、流星线，后市极易大跌。

量平价涨对应的后市走势是谨慎看涨。在学习技术分析时，一定要看懂量价关系，遇到某种情况，知道该用哪种办法应对。比如，看到量平价涨就坚定持有，反正股价涨得挺好。当行情突然发生变化，这时不知道如何应对，那就麻烦了。对于量平价涨，大家可以小心看涨，一旦放量或加速上涨，赶紧离场就可以了。

量平价跌是成交量保持相对平稳的状态，而价格持续下行预示后市继续看跌。量平价跌市况下，市场交易平稳清淡，整体维持下跌态势。

量平价平是成交量维持在相对平稳的状态，价格也保持相对平稳。量平价平对应的策略是多看少动，既不能盲目看涨，也不能盲目看空。它是一种将要变盘的信号，股价后市具体往哪个方向变盘要看突破的方向，往上放量突破看涨，往下突破看空。

下面用实例讲解，图 5-8 为科信技术（300565）的股价 K 线走势图。从左往右看，箭头处出现了高位放量。在成交量放量之前，曾经有一个量能相对平稳的时期。连续上涨以后高位放量，这时一定要防止虚假突破，尤其是 K 线随后又收出了十字星，更应格外小心。

这个点位出现量增价涨走势，容易将投资者引入误区：量增价涨不是应该看涨吗，为什么后市下跌了？操作中，大家一定要结合趋势量化交易系统进行操作。出现十字星的这个点位，位于下降趋势线下方的位置，也就是说，此时的价格正好到了阻力位。关键点位的关键量价关系很重要，这个点位出现量增价涨，不能认为后市看涨，随后股价一路无量阴跌。缩量下跌，后市看跌。

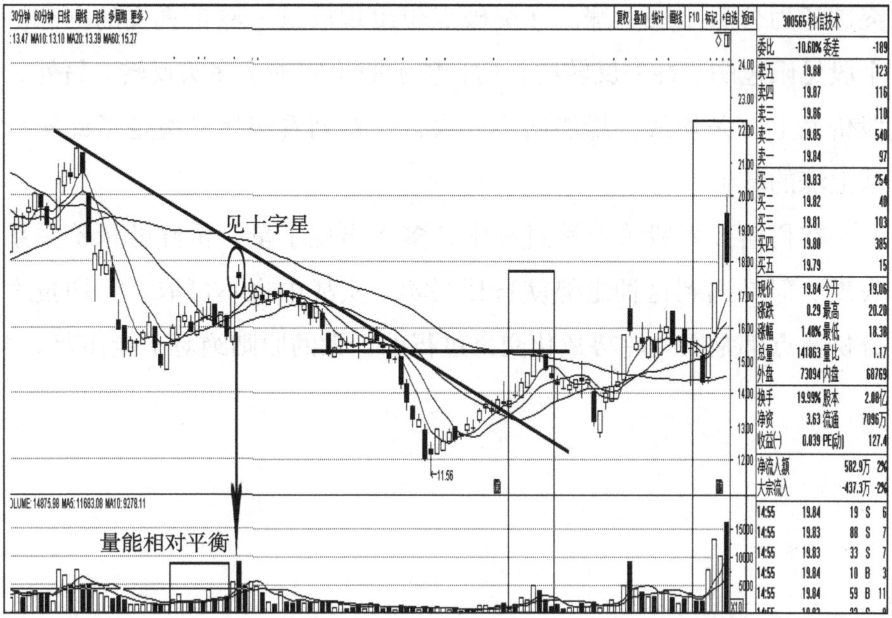

图 5-8　科信技术

再来看看突破水平阻力位这个位置出现的放量大阳线。从正常的量价关系来讲，量增对应了价涨，后市应该看涨，可是随后收了一根十字星，接着股价就跌了下来。为什么出现这样的走势？这就要结合前面的量能来分析。

前期市场一直维持量平价涨的走势。前文讲过，股价连续平量上涨，如果哪天突然高位放量，又收出十字星，不正好是离场的信号吗？此点位也正好处于前期横盘时的成交密集区，所以这个点位也是强阻力位。

再来看看前边那个横盘整理区域当时是如何破位下跌的。见图 5-8，破位阴线是量缩价跌。在关键位置出现缩量下跌，后市看跌。盘整平台破位后，该股后市出现了连续快速下跌。

量增价涨，后市看涨，指的是在上升趋势中，股价在关键点位突破压力位后出现上涨。在突破点位出现放量上涨是真实的上涨。个股见阳包阴、吞并反转组合后，预示股价实现了多头反转。另外，股价站上多条均线，量能同步放大，一系列看多信号奠定了此轮行情上涨的基础。

在科信技术股价上涨过程中，多次出现了量升价涨的量价关系表现。但是遇到这种走势就盲目买卖，实战中也不可取。一切技术分析要点都是围绕趋势量化交易进行的，大的原则绝对不能违背。

第二节　分时走势量价关系分析

前文讲解了K线图中的九大量价关系，本节将以此为基础，有针对性地讲解分时走势中的量价关系分析技巧。

图5-9为综艺股份（600770）的股价K线走势图。A区域，笔者在2018年4月18日收阳线的位置买入。为什么在这个位置买入，前面强调过"关键位置的关键K线的关键量价关系分析"，这里就属于关键位置的关键K线，并且关键K线走出了量增价涨的走势，完全符合买入标准。大家一定要记住，买入不是一拍脑门就下单，必须在股价突破平台，突破下降趋势线，站上均线之后，在此基础上出现量增价涨走势，再做买入操作。

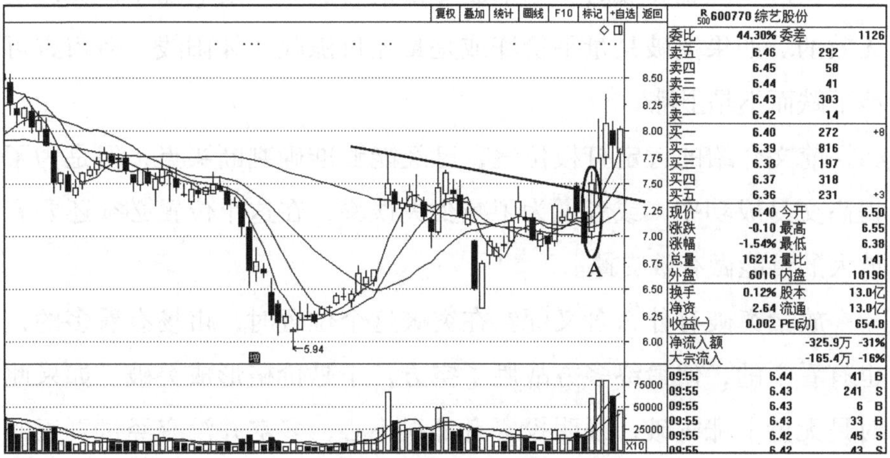

图5-9　综艺股份（一）

该股在上述关键位置突破了所有均线的压制，收出一根放量大阳线，这就是买入的依据。那么所有走出大阳线的上涨都要买入吗？不一定。为什么？防止假突破。那么用什么方法辨别真突破和假突破呢？量价关系分析。

4 月 18 日那天收出的大阳线，股价突破均线时，出现了明显的放量，该走势对应的量价关系是量增价涨，因此后市看涨。

在这个位置买入，还有一个关键点——放量突破。量增价涨走势可能出现在很多位置，在下跌或者在上涨的过程中都会出现量增价涨。只要成交量放大，价格上涨，都叫量增价涨，但不同位置出现的量增价涨，其市场含义大不相同。只有在关键位置的关键 K 线实现突破时，量增价涨的量价关系才是真正的后市看涨，这一点大家一定要谨记。

2018 年 4 月 18 日的这根阳线突破了前期盘整平台，突破了下降趋势线，其中，突破下降趋势线比突破盘整平台更重要。这种突破叫放量双突破，所以这个位置是举足轻重的战略位置。

在这个位置突破时，如果成交量没有放大，反而缩小，突破是无效的。如果突破是量平价涨或是量缩价涨收实体阳线，后市有可能下跌而不是上涨。

前文介绍的肯定打板位置，已经能够准确判断买点，但是为了提高交易成功率，或者说为了减少失误率，在这个位置必须还要有放大的量能做有效支撑。

放量突破有什么含义呢？在突破这个位置时，市场有看多的，也有看空的，但最终多方战胜了空方，于是价格形成突破。如果此时是无量上涨突破，说明投资者都很小心，多空并没有经过真正的较量，假如接着再出现一根阴线，股价很可能紧跟着下跌。

当然，在这个突破点位还要看分时走势，分时走势大体符合买入模式就可以下单买入。图 5-10 是该股收大阳线当日的分时走势图。

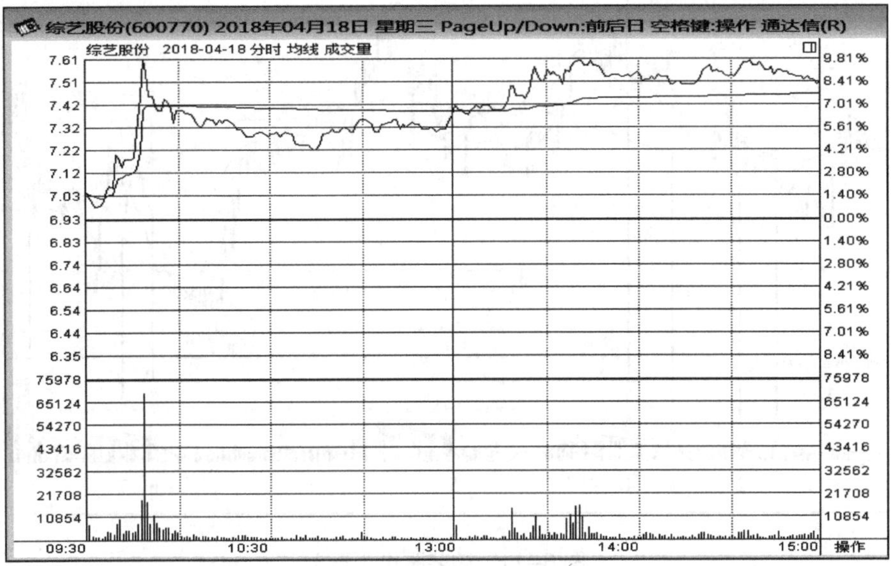

图 5-10 综艺股份（二）

做股票交易，在关键位置要综合运用多种分析技术：一是是否突破下降趋势线；二是分时走势是否符合买入模式；三是是否收出大阳线、阳包阴等看涨 K 线；四是是否出现量增价升、放量双突破等量价关系走势；五是底部是否逐步抬高，股价走上升趋势；六是股价是否站上均线，均线是否多头向上发散。

在大阳线这个点位买入，实战中运用了很多分析技术。多种看涨理由在这个点位出现了共振，所以才出现了后市的上涨行情。

量增价涨，后市看涨。这种量价关系出现在关键位置，就叫放量突破，这是九大量价关系中买入最看重的量价关系表现，也是用得最多的一种量价关系表现。

如图 5-11 所示，把综艺股份这只股票的 K 线图缩小了看，从中可以看到有很多次放量和缩量，其中明显的放量有八次，但每次

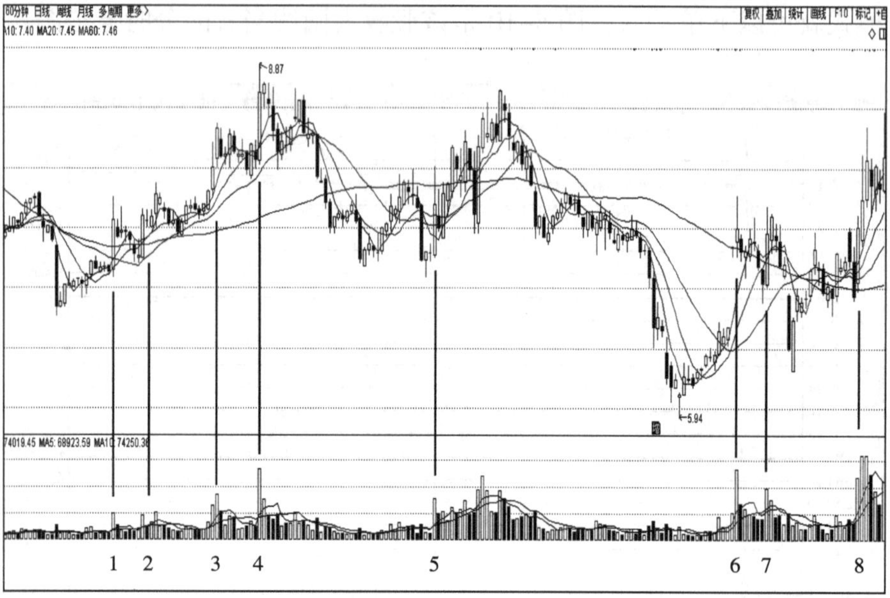

图 5–11　综艺股份（三）

放量的位置和市场含义都不一样。

数字 1 对应的位置叫放量突破，并且该位置属于底部放量突破。该位置和数字 6 对应位置的量增价涨，从性质上看大体相同，都是市场经过一段下跌后放量突破操盘线。

数字 2、数字 3 和数字 7 对应位置的放量，在性质上相似，都是股价突破操盘线以后出现的中继突破。数字 4 对应的位置属于高位放量，在压力位出现放量走势，后市很可能下跌。

市场每一次放量，其含义都不完全一样。同样是放量，股价所处位置在分析中最关键，放量位置决定了后市是涨还是跌。

这些关键位置的成交量，单独判断的话既片面又狭隘，最好在趋势量化交易系统的基础上分析判断，这样才能分析得更全面、更透彻。

图 5-12 为西部黄金（601069）的股价 K 线走势图。在量能辅图第三根竖线标示的位置，个股股价突破了下降趋势线，并且突破时量增价升，因此在图中标示的四个放量的量价关系走势中，它的重要性最强。

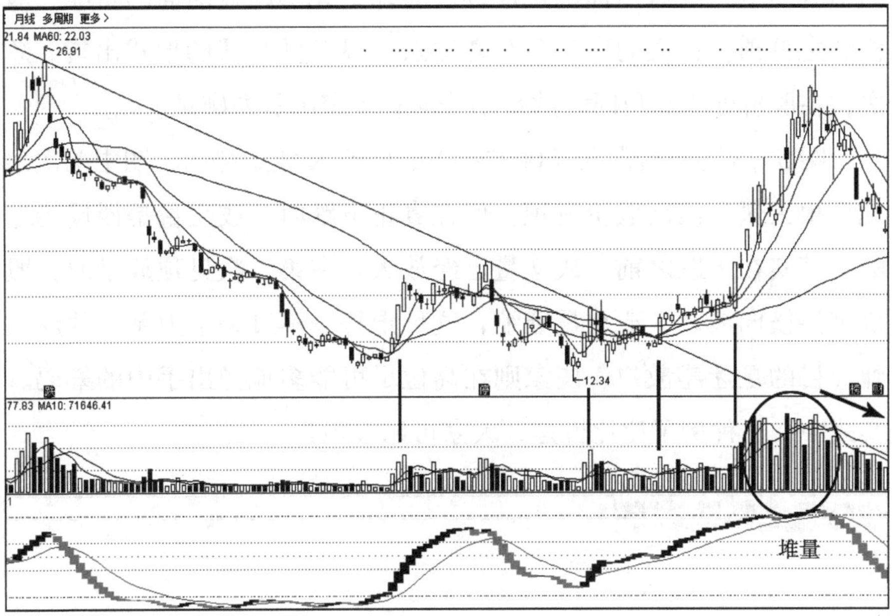

图 5-12　西部黄金

第三次突破时放量，代表下跌趋势结束，上涨趋势开始，这是多空临界点位置，大家说它的战略意义重要不重要？随后个股均线由空头转为多头排列，后市股价放量突破前期高点后展开了一轮快速的拉升。

在真正上涨之前必须放量，高位下跌不一定放量。但在下跌之前的一组 K 线中，必然有一个放量的过程，不然主力把股价拉高后，没有出逃的动作，股价怎么会下跌呢？

高位下跌之前，量能指标必然对应一个大量或天量，这就是所谓的“天量法则”——天量见天价。庄家要在高位出货，必须通过对倒增加成交量，制造市场交易活跃的气氛，没有明显放大的成交量，庄家无法兑现手中的筹码。

如图 5-12 所示，西部黄金的庄家是在快速拉高的过程中以堆量的形式出货，随着后面的量能逐渐萎缩，无法超过前面的量能，股价随之见顶。也有的庄家会在高位以一根天量 K 线的形式出货。总之，在股价处于高位时，放量不涨就有庄家出货的嫌疑。

图 5-13 为东音股份（002793）的股价 K 线走势图。图中两次出现单根天量，两次股价见顶，但在真正下跌时，成交量是慢慢萎缩的。其实在下跌之前，成交量已经放大。在第二次见顶放量时，股价维持横向波动，成交量萎缩，这种走势只不过是主力抛出的烟幕弹，目的是迷惑散户，庄家则在高位尽可能多地抛出手中的筹码。实战中，这种例子比比皆是，大家可以多观察。

图 5-13 东音股份

上涨必须有量，但下跌无须量能配合。放量下跌，缩量下跌，量平下跌，后市都要看跌。

在关键位置量能放大，容易出现变盘。量与价，二者在关键位置放大会改变趋势，并非一种中继走势。成交量不是随便放出的，一般都出现在趋势反转这个关键阶段，也就是上涨时和下跌前。为什么称“上涨时”而不是“上涨前”，因为对上涨来说，当时突破当时有效，这个“时”代表主力正在买入。下跌就不一样了，因为下跌前是不需要成交量放大的。这就要求大家注意一点，在个股连续上涨以后，一旦在高位发现明显放量，要及时减仓甚至清仓。

只有在变盘拐点、行情反转的位置，分析成交量才有意义，日常运行中，价格无须量能配合，也就没有太大的分析价值。本书强调的是做起涨点和卖出点，而不是这中间的持有或空仓阶段，所以只需要重点分析买点的关键位置与卖点的关键位置。平日天天研究股价运行中大大小小的成交量，对操盘意义不大。

为什么很多分析师讲不了成交量，因为在股价上涨中枢阶段，成交量无法说明问题。也就是说，量能重点只研究两个点，即买入当时和下跌前期两个节点的量价配合关系。

高位放量股价不一定会跌下来，但只要见到高位放量滞涨，不跌大家也要卖出，该减仓减仓，该出逃出逃。如果股价跌破关键位置，比如跌破上升趋势线，无论是放量下跌还是缩量下跌，大家都要卖出。因为在这个关键点位，放量下跌后市看跌，缩量下跌后市也看跌，量平价跌后市还是看跌。一句话，只要高位向下破位，成交量大小已经不重要，有没有成交量都要卖出。

重点提示：下降趋势中，在压力位成交量放大，都是卖出信号；在多空分界点，放量双突破都是买入信号。

市场中有个误区，即所谓的“地量地价”。其实地量并非地价，地量以后可能还有更低的价格。股价要想反转下跌趋势，必须有主力进场收放量大阳线，有了这个立庄信号，股价才有可能一步步转强。

第三节 量价配合抓涨停

量价配合情况与涨停板息息相关，俗话说“量价不分家”。涨停板股票有一个特点，就是出现涨停板以前必须有一个放大量的过程，而且一般情况下要有一个平台突破的走势，但平台突破并不是必须的。投资者做股票要尽量抓平台突破加成交量放大的个股，这样才有可能抓住涨停股。

图 5-14 为奥翔药业（603229）的股价 K 线走势图，该股在 2018 年 3 月 29 日曾经出现过涨停。这只股票的特点就是底部出现了放量三突破。第一次是放量突破下降趋势线，第二次是中继放量，第三次是放量突破平台。放量三突破是抓涨停甚至抓连板的一个技术细节。

为什么在这三个位置成交量要放大呢？

第一，每个阶段的上涨都会有低位买入的散户获利。庄家真正拉升股价之前是不愿意让这部分人坐轿的，所以他们会想尽一切办法做分时走势，把一部分持股不坚定的散户震出来，让其乖乖交出筹码，以减轻后市拉升的压力。这就是大家常说的“洗盘”，洗盘会促使成交量放大。

第二，在股价拉升的过程中，一些被套的散户认为解套了或者赚钱了，也有可能选择出逃，导致成交量放大。

图 5-15 是第一根放量突破 K 线的分时走势图。当日大部分时间股价一直在均价线以上运行，呈现高控波走势。直到下午 2 点 30

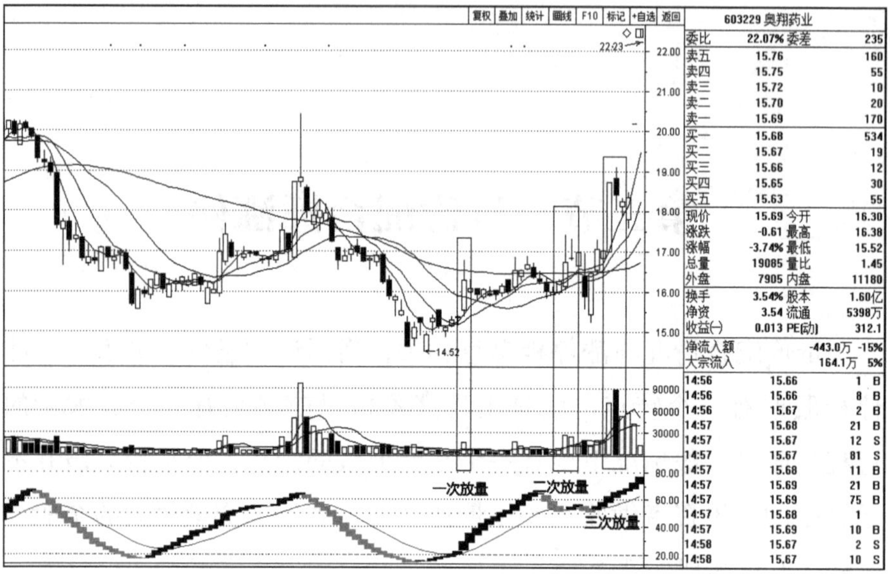

图 5-14 奥翔药业（一）

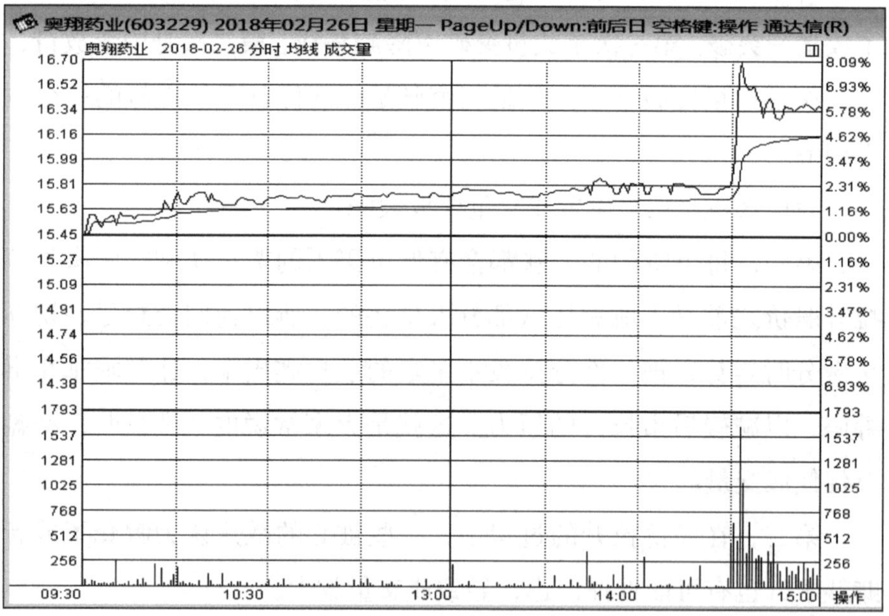

图 5-15 奥翔药业（二）

分，股价才急速大幅拉高。

基于前面对分时走势形态的讲解，投资者都能看出急拉之后跟着一个回调波，注意，拉高之后的下跌走势是回调波而不是下跌波。如果没有认真学习前面关于分时走势形态的内容，只看股价冲高回落，当天没有收涨停板，也并非光头阳线，认为股价摇摇欲坠，就会选择出逃。

真实情况是，这是一个很强的攻击波形，投资者没必要卖出。如果大家能坚定地持有，后市就会获得丰厚的回报。

学会了这些分析技术，大家就能知道各种走势的市场含义，也知道此时出现这种走势，庄家的目的是震仓洗盘。一般来说，第一次放量突破时，有时也会出现涨停，但涨停的概率很小。

一次放量过后，接着会有二次放量。有人说图 5-16 箭头处不也出现过放量吗？它确实是放量，这叫单日放量，但它属于这个波段上涨的结束点。前文讲过，进场有进场的量，出场有出场的量。实

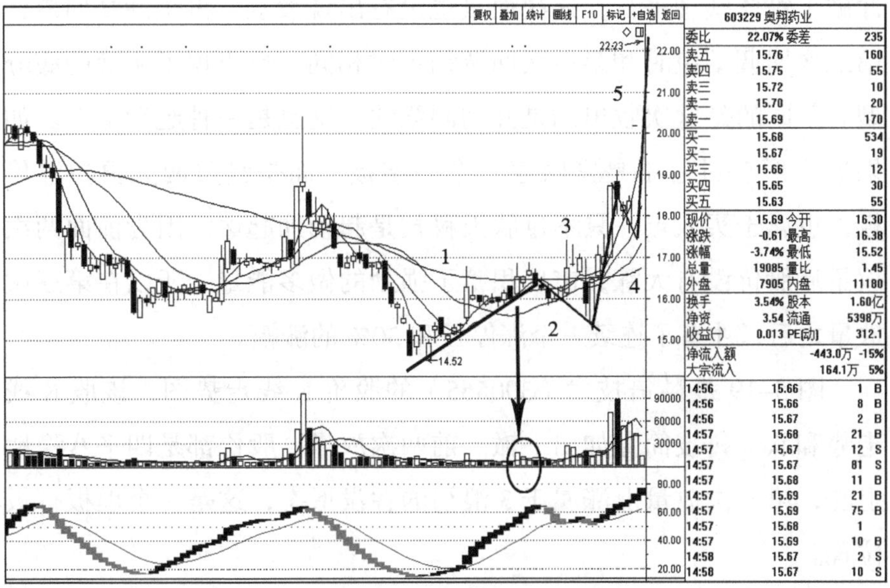

图 5-16　奥翔药业（三）

战中要记住，在一波上涨中，只有起动放量才是有效的，结束时的放量是出货量。在浪峰上，主力一般会少量减仓，卖出筹码，在回调的低点再买回来，这是主力滚动操盘的技巧。

分清关键位置的关键量价关系最重要，无效K线的量价关系不重要。第一次放量可能会涨停，第二次放量可能也会涨停，第三次放量涨停的概率更大。第三次放量涨停有一个前提，就是前面两次放量后不能出现大涨。前面大涨了，后边连板的可能性就会大大降低，也难以出现太大的行情，因为前边的上涨已经提前透支整体行情涨幅。

如果前边第一次放量没有大涨，第二次放量也没有大涨，放量突破时股价走势四平八稳，那么在放量三突破的时候，涨停的概率就会大大提高，奥翔药业就是在第三次放量后大涨，如图5-17所示。

图5-18为欣天科技（300615）的股价K线走势图，行情跌下来以后，在第一次突破操盘线时放量，股价冲高回落，第二次放量冲破了箱体整理平台，这次放量也没有出现大涨。再次冲高回落，第二次回调结束时和第一次回调结束时相同，也出现了明确的底分型。不同的是这次收出的是并列阴阳线，这也是一种起动形态。如果这个形态过后不是紧跟着三个一字板，而是盘整两天再拉涨停板，也属于买入点，只不过欣天科技是起动加起爆。因为前面两次放量后股价没有大涨，市场积蓄了强劲的做多能量，所以在第三次放量之后，才有了连续三个涨停板和30%的涨幅。

图5-19是科信技术（300565）的股价K线走势图，该股K线走势和欣天科技简直如出一辙。前两次放量，股价都是四平八稳地上涨，第三次放量上涨属于3浪初的吞没形态，这是一个埋板打板位置。

放量三突破在实盘操作中的实用性很强。

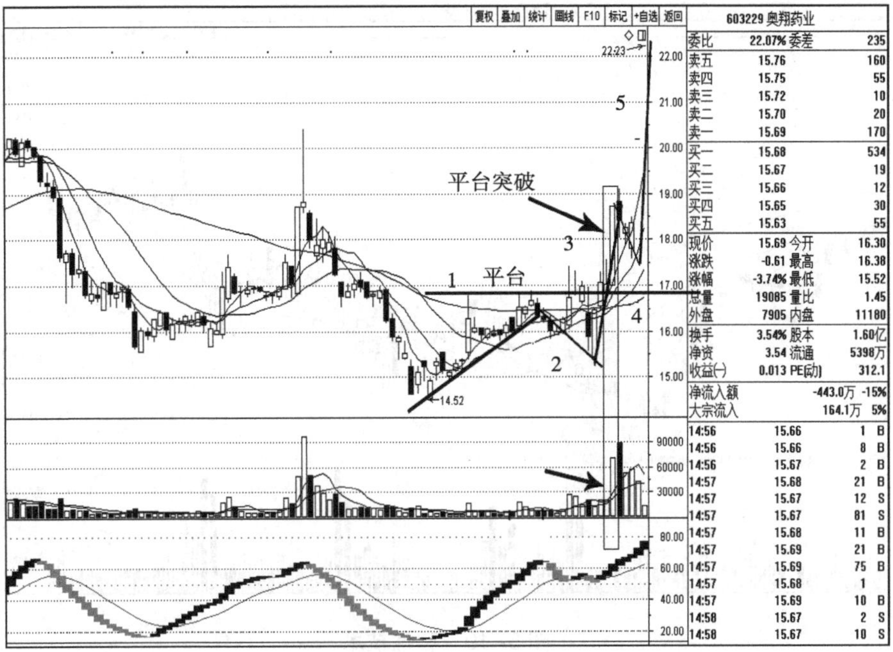

图 5-17　欣天科技（一）

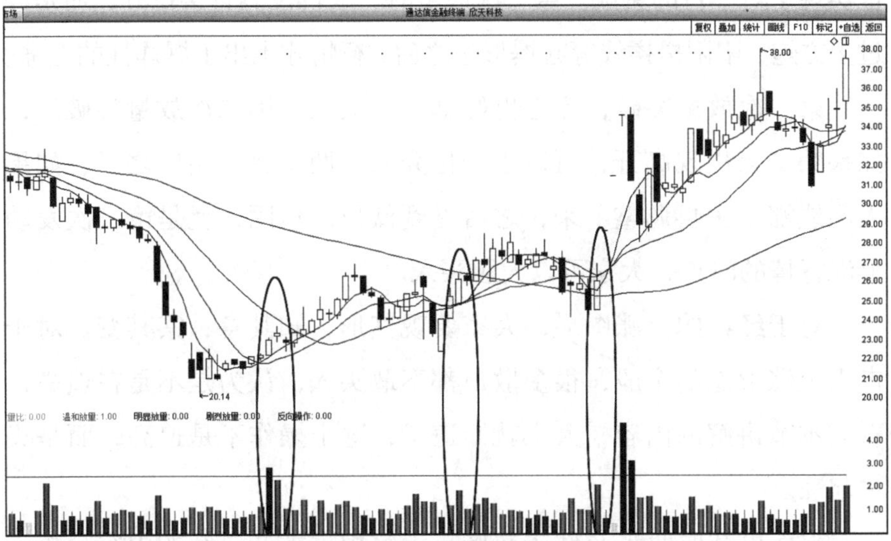

图 5-18　欣天科技（二）

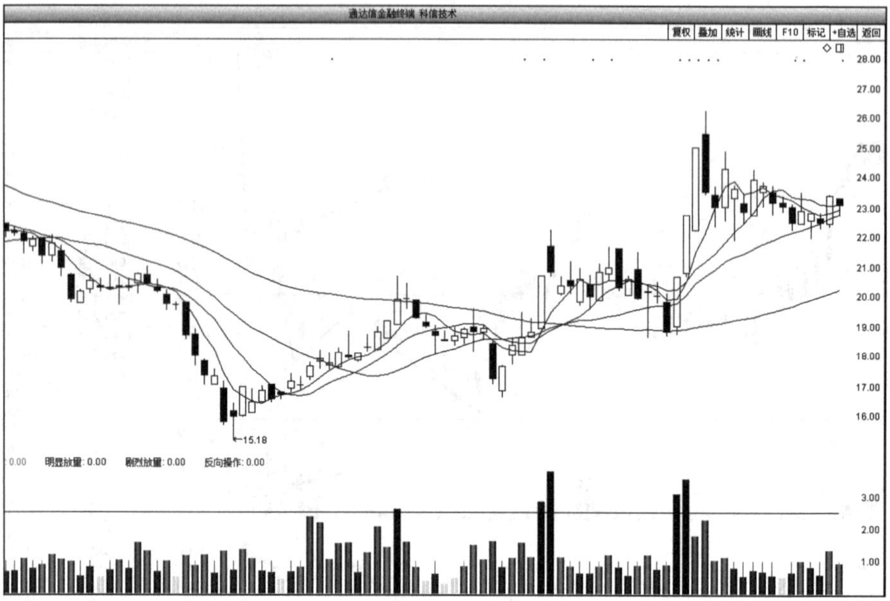

图 5-19　科信技术

图 5-20 为攀钢钒钛（000629）的股价 K 线走势图。前两次放量也实现了对平台的突破。第三次放量时，股价没有直接拉升，而是经过多方炮、阳阳搓揉线等起爆形态之后，行情才走出了爆炸性的上涨。

第一次放量突破，形态再好都不要买入。第二次放量突破后，如果第二天出现高开，可以小仓位介入。两次放量突破之后，如果大阳线涨上去再调整下来，之后见到低位阳包阴，就是第三次发动上涨行情的时点，大家可以大胆买入。

对于经典的上涨图形，大家要观其形，知其意，察其变。对于走出上涨形态的个股，很多散户都不敢买入，认为是不是在追高，看完本节讲解的内容，大家就知道了，这个操作不是追高，而是买在起涨点。

下面再截取两张 K 线走势图，大家根据本节讲解的内容分析，以加强对经典图形的印象，如图 5-21 和图 5-22 所示。

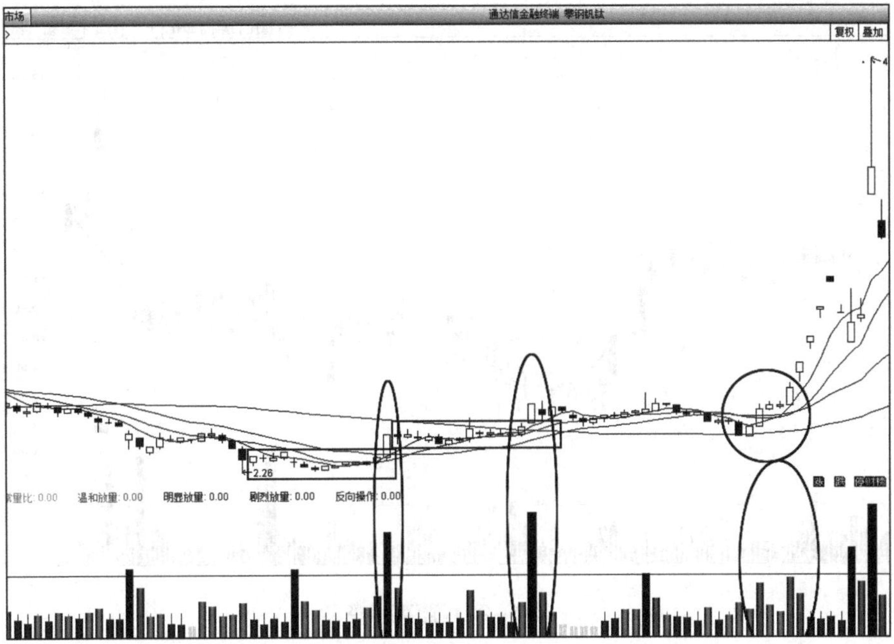

图 5-20　攀钢钒钛

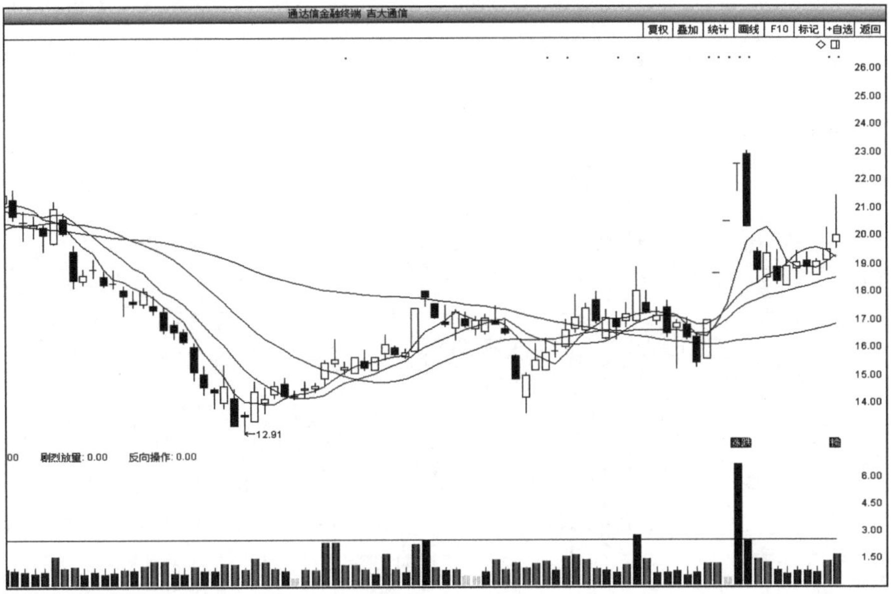

图 5-21　吉大通信

通达信金融终端 蓝英装备
复权
叠加
统计
画线
F10
标记
+自选
返回
14.50
14.00
13.50
13.00
12.50
12.00
11.50
11.00
10.50
10.00
9.50
9.00
8.50
8.62
5.00
4.00
3.00
2.00
1.00

图 5-22 蓝英装备

第四节　量价关系综合运用

抓涨停板是大家都很期待的事，因为买到涨停板股票能赚更多钱，本节就针对这一点为大家做一个深层次的讲解。

股票上涨过程中，主力会做出很多“假摔”的动作，从而干扰投资者的判断。主力可以通过发布利空消息或控制价格涨跌，使散户落入主力的圈套之中。准确把握量价关系，可以有效规避绝大部分主力陷阱和操作失误。

买股不但要注意关键位置的关键量价关系，还要注意关键位置的关键 K 线的关键分时走势。这一点已经强调过多次，下面举个实例与大家分享。

图 5-23 为超图软件（300036）的股价 K 线走势图。按照走势形态来划分，3 月 27 日的涨停是放量双突破，一根长阳线突破了箱体平台的上轨和所有均线的压制。这根 K 线就是暴涨临界点，是关键位置的关键 K 线。

之所以说这根长阳线是关键位置的关键 K 线，主要是该 K 线所在的节点相当关键，它满足了前面提到的三个关键点：一根阳线突破了攻击线、操盘线和修正线，使价格站在了所有均线之上，可谓一阳穿三线。涨停即意味着起爆，在这个位置出现涨停阳线，它对股价走势起到了决定性的作用，等于吹响了上涨的冲锋号。成交量是根，突破关键位置必须伴随成交量有序放大。如果在这个位置没有放量，极有可能是无效突破。

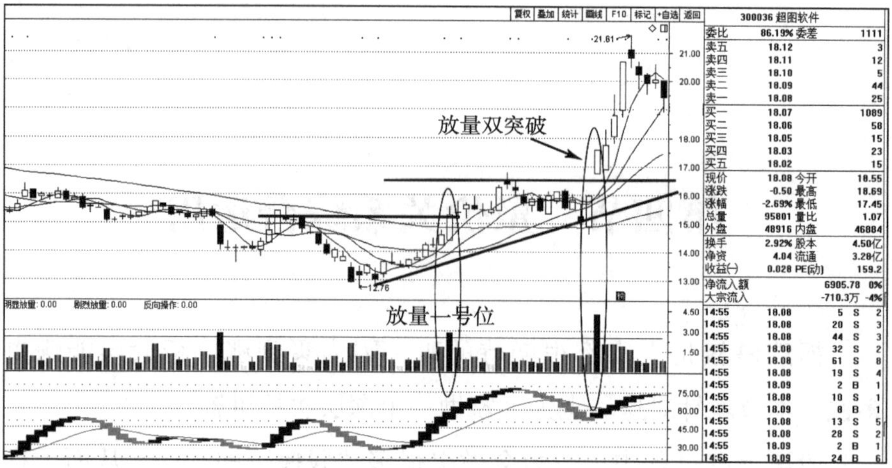

图 5-23　超图软件（一）

这里要明确一点，在放量一号位，股价第一次放量突破了长期均线的压制，突破了前期高点和 V 形反弹的颈线位，这意味着下跌就此终结。

在股价第一次突破下降趋势线、出现底部抬高之前，应把这次放量突破归入虚假突破的范畴。在成熟的交易系统中，一般不建议参与这次交易。虽说放量突破之后，有时候不排除股价走出一波大幅上涨的走势，但出现这种走势的概率不大，尽量以不参与为好，要做就在确定性高的买点介入。

第一次放量突破后，市场冲高回落，随后股价进行了一段回调整理。在第二次突破前期高点的当天，早盘竞价直接高开，开盘价刚好站在了前期高点之上。观察集合竞价涨幅榜，细心的投资者早盘就会发现它。收出这根阳线之前，K 线图上已经走出了底部抬高的图形，并且在底部形成了吞并反转的 K 线组合形态，涨停阳线前的阳线对应的分时走势也满足买入模式。

图 5-24 是超图软件 2018 年 3 月 27 日的分时图，图中量价关系

表现一目了然，上涨的时候成交量大，下跌的时候成交量小，健康的量价关系为后市发动一波上涨行情奠定了坚实的基础。这根阳线没有收出涨停，如果当天冲上涨停板，也是可以直接打板的。

该股连续上涨以后，在高位出现了堆量，以三只乌鸦K线组合形态发出股价见顶信号，见顶就意味着上涨行情结束。买股要做到有始有终，该进时进，该出时出，进出井然有序。

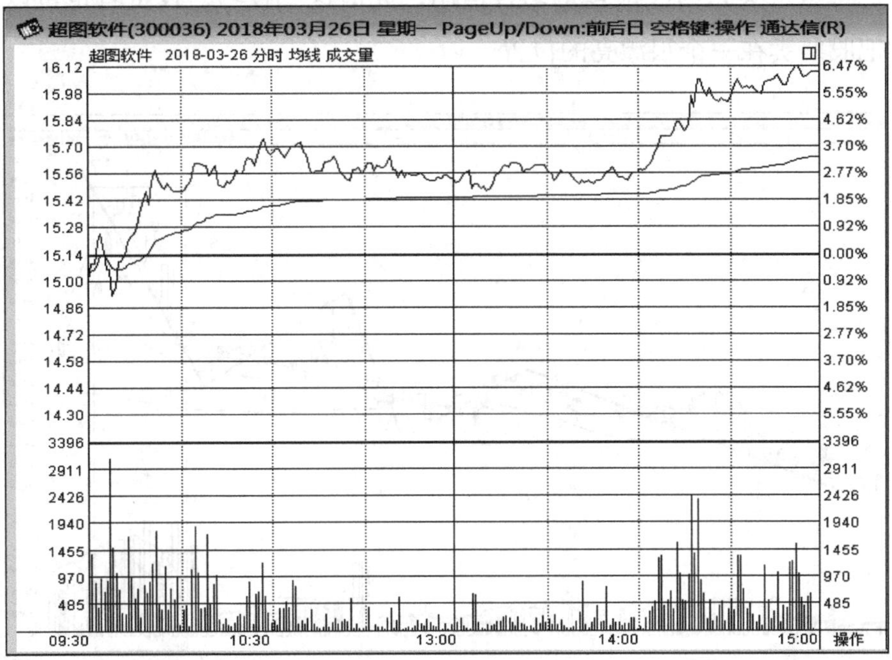

图 5-24 超图软件（二）

操作股票一定要密切关注买入量和卖出量，启动时盘口以中小单持续买入为主，表明主力在隐蔽建仓。高位出现放量卖出，不管成交量形态是堆量还是独柱量，大家都要小心。尤其是股价经过连续大涨以后，高位出现放量卖出更要当心。思则有备，有备无患，防患于未然。

图 5-25 为宇环数控（002903）的股价 K 线走势图。观察 K 线走势图，大家首先在脑海里要有一个波浪的概念。大波段一般是五浪结构，出现 5 浪高点以后，如果成交量相应放大，表明行情将有可能反转。如果这时背离波段指标由红色转为蓝色，表明行情有可能进入暴跌模式。

用一句话总结，就是 5 浪末端放量，大家一定要注意止盈。这是将量价关系与波浪理论结合运用，凭借这一技巧，投资者也可以把股票卖在一个很漂亮的位置。

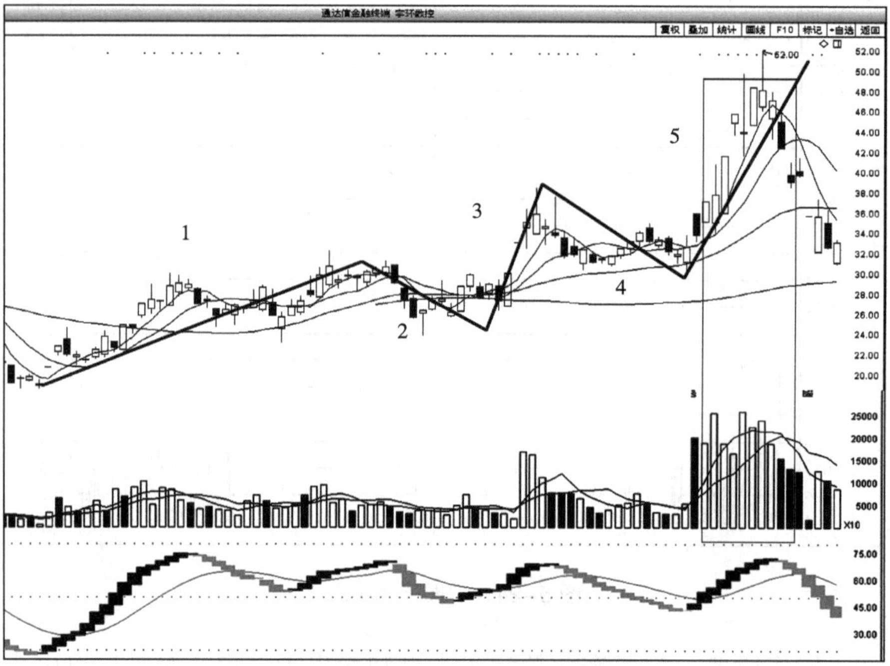

图 5-25　宇环数控

图 5-26 为生意宝（002095）的股价 K 线走势图。从图中可以看到，股价突破均线的压制后，迎来了 1 浪上涨，在图中可以画出清晰的五浪结构。

在1浪起点放量，这是庄家进场的成交量，称为立庄量。此时波段背离指标也发出买点信号，大家一定要抓住机会，认真分析当日K线及分时走势。1浪起点收出的这根大阳线是有独特名字的，叫作“出水芙蓉”，从这个名字大家就知道该K线的市场含义。

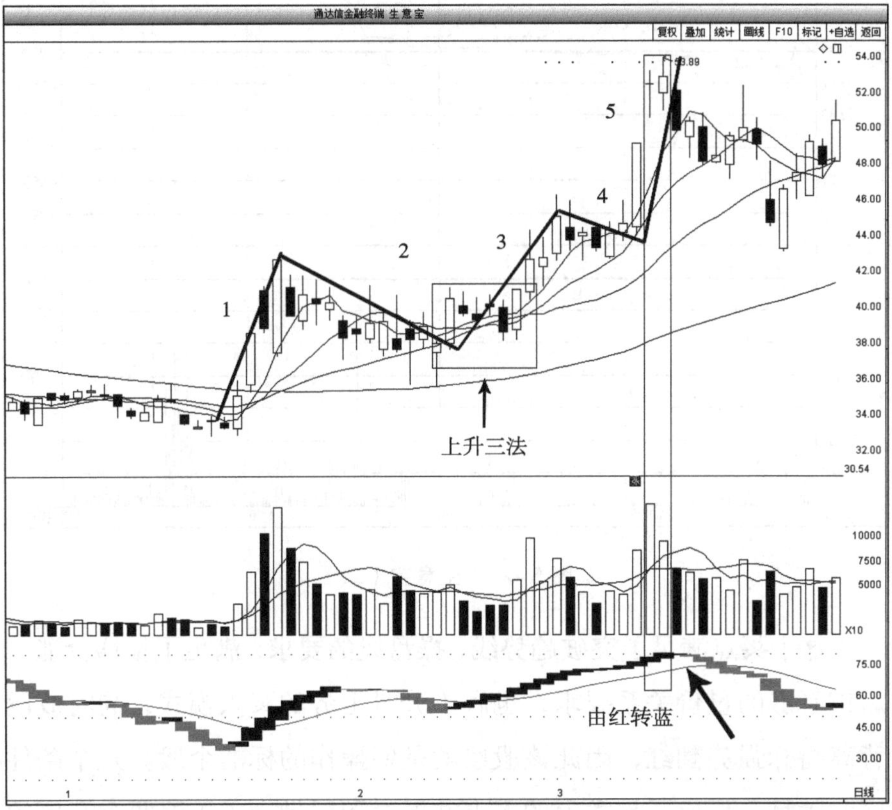

图5-26　生意宝（一）

下面再来看当日分时走势是不是符合买入模式，如图5-27所示。

从分时走势上看，大的结构是买入模式，说明在拉升当天，主力买入的态度相当坚决。早盘和上午都是麻绳波，这是一种主力高控盘的波形。下午两次放量拉升，分时成交量明显放大，这种放大的量能也体现在日K线图上。

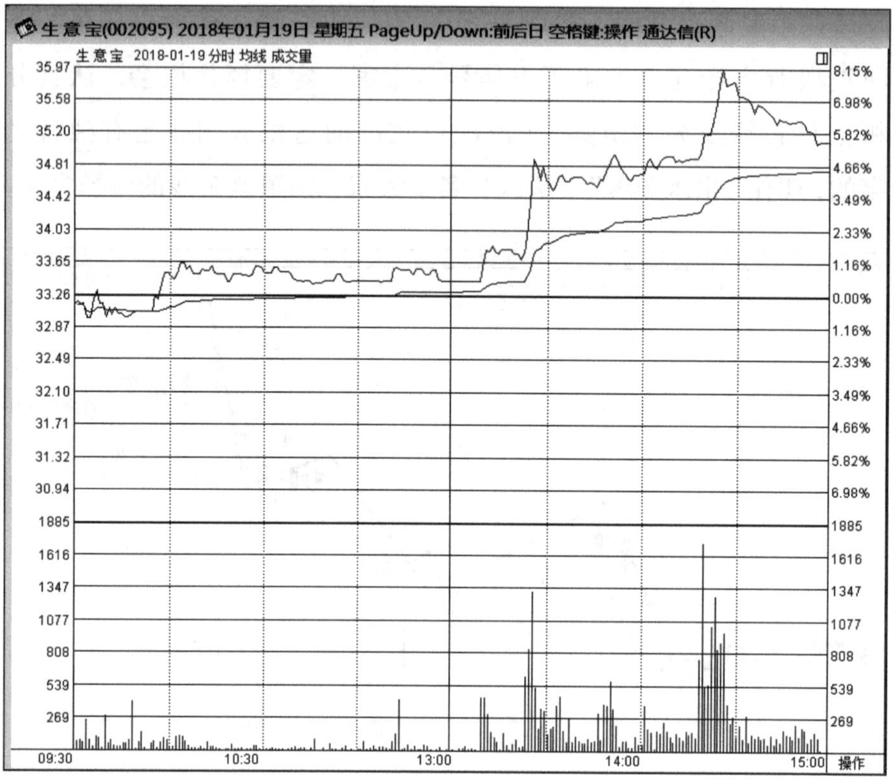

图 5-27 生意宝（二）

这个买点满足了突破趋势线、操盘线的要求，满足了量增价涨、后市看涨的量价关系要求，也属于分时走势的买入模式，同时波段背离指标强势翻红，因此该股票就是要操作的标的个股。几个条件同时满足，形成了技术上的多点共振，随后带来了 1 浪两个涨停的拉升。

1 浪结束后是 2 浪的回调走势，在 3 浪上涨的时候，出现了前面讲过的上升三法形态，随后是阳阳搓揉线的上涨。

该有的都有了之后，上涨行情也就该结束了。5 浪见顶时，K 线形态上出现了十字星、流星线，从量能上看，放量不涨，理应看跌。5 浪走完，树倒猢狲散，一波周期性的上涨行情彻底结束。

“巨量出，天价现，要想拉升量转换。”想让股价再次上涨，市场需要重新酝酿做多气氛。

在股市中赚到钱的人都是不断学习的人，内行看门道，外行看热闹。亏钱的人不断问别人“这只股票能不能买入，那只股票要不要割了”，他们想让别人帮自己拿主意，也就是知识储备不足的人。炒股是脑力劳动，需要独立思考。看完本书之后，希望大家按照上面介绍的技法独立分析，不要再把命运交给别人，随波逐流。打铁还需自身硬，学习一定要学到精髓，融会贯通，切忌刻舟求剑，以点带面。

炒股有方法，方法无定式。只有熟练掌握有效的操盘技术，才能在这个市场上赚大钱。